地域からみる観光学

小松原　尚 著

大学教育出版

はじめに

　現在、国政のレベルにおいても積極的に観光振興のための施策がいろいろと講じられている。このことはビジット・ジャパン・キャンペーンが2003年に始まり、さらに2007年には観光立国推進基本計画の策定をみたことからもわかる。また、大学において観光関連の学部、学科新増設の勢いが衰えないのもこうした状況と無縁ではなかろう。

　産業構造の高度化の中でサービス業は閉塞状態の日本経済の救世主としての役割を期待されている。その構成要素の1つである観光にも関心が高まっている。わが国の都道府県や市町村においても、定住人口の絶対的な先細りと分布の不均衡の拡大、農業や製造業の構造変化に伴う歳入構成の変化の中で、地域の存続を観光に託そうとする動きが少なくない。

　ただし、上述のような観光への期待を経済的な波及効果へと転生するには、現状はきびしい環境下にあることも考慮する必要があろう。すなわち、農業や工鉱業は需要と供給が時間的（空間的）に異なった次元で進行していたのに対して、サービス業は需要と供給が同時進行である。それだけに、集積の利益が追求される。したがって、経済のサービス化・ソフト化の恩恵に浴するのは大都市（圏）であって、その結果地方との格差がますます拡大することが懸念されるからである。

　さらに、1980年代までの拡大・増加基調の経済環境であれば財政措置をはじめ政策的に大都市圏から地方への利益の還流を作り出せた。しかし、停滞・縮小基調の現段階にあっては高齢者の絶対数の増加に伴う社会福祉関係の負担の増大にみられるように大都市圏にあっては地方と比べものにならないくらいの財政負担を余儀なくされる。その結果、地方への利益の還流も先細りとなる。

本書での考察対象期間を概ね1980年代後半以降の20世紀としたのはこうした状況認識に基づく。

　本書は観光を書名の一部にしているが、観光地の案内書ではなく、上記の問題を観光と関連づけながら、特定の地域を取り上げつつ具体的に考えてみようという試みの1つである。観光学とはなぜ今、観光が問題となっているのかを考究する学問分野である。観光へのアプローチの方法は様々であるか、これまでの地理学における観光研究の成果は温泉地をはじめとした事例研究に豊富な蓄積がある。本書ではこれまで著者がかかわってきた観光地に関する事例をも踏まえつつ、地理学の視点から観光学へのアプローチを試みる。

　さらに、人文科学において、幅広く取組まれ、貴重な研究成果の蓄積をみてきた対象に、人口動態、人口移動に関するものがある。世界の人口移動の平時における大宗は労働力の移動と観光客のそれである。人文科学に位置づく、人文地理学においても労働力に関しては人口地理学、都市地理学、経済地理学、また、観光客の流動構造に関しては観光地理学において研究がすすんできた。本書においては、最近の斯学における研究成果に依拠しつつ、「人的流動構造」研究の一環としての観光客流動構造の解明に資することをめざしている。

　そして最後に、本書で取り扱う内容は、観光資源の分布、利用客の流動構造、観光地の地理的構成にかかわる論考であるから、その思考過程や結論をよりはっきりとさせるためにも地図表現にこだわってみた。あることがらについて考えをまとめていく時に、どんな地図を使うのか。量的なものを地図上にどう表現するのか。情報の送り手としての工夫が地図に表れてくる。そして、その制作者の意図が地図からどう読み取られるか、受け手の反応も興味深いところである。もとより、本論は地図表現そのものを論じているわけではないが、そうしたこだわりの一端も読み取っていただければ幸いである。

地域からみる観光学

目　次

はじめに ………………………………………………………………………… 1

第1章 観光客の入込み数と流れ ……………………………………………… 7

第1節 日本列島における観光客の流れ 7
（1） 圏域間の観光流動頻度 7
（2） 圏域内における観光客の流れ 10
（3） 訪日外国人の地方圏への流れ 13

第2節 観光客入込み数調査の分析 21
（1） 入込み数からみた観光地 21
（2） 観光需要の季節的偏倚 28
（3） 入込み数の増減からみた観光地 34

第3節 国立公園域における利用客 38
（1） 観光ルートの中の釧路湿原 38
（2） 園地観光拠点利用者の居住地 41
（3） 居住地別にみた利用者の流れ 51

第2章 インフラストラクチャーの整備と観光 ………………………………… 54

第1節 高速・大量輸送手段の普及と観光 54
（1） 交通変革と地域の変容 54
（2） 航空機利用の普及と修学旅行 56
（3） オートツーリズムの進展と地域 59

第2節 観光・レクリエーション地としての河川・港湾 64
（1） 河川流域のレクリエーション的利用 64
（2） 沿岸域の自然環境と観光的利用 74
（3） 港湾地域の再生とレクリエーション施設の立地 78

第3節 情報通信手段の発達と観光地 87
（1） 情報通信技術の利用拡大 87
（2） 仮想空間における観光地の競争 92
（3） 観光地のイメージと認知状況 94

第3章　農山村の観光と都市生活 …………………………………… 99
第1節　農村における農業と観光　99
（1）　農業構造の変化と作物　99
（2）　スキー観光地と農業　103
（3）　農村における観光振興　112
第2節　都市生活者にとっての山間地域　117
（1）　都市研究の観光的視点　117
（2）　山間地域の魅力　118
（3）　宿泊観光地としての山間地域への期待　123
第3節　都市生活者の認知する一山村　127
（1）　名前と位置認識からみた十津川村の認知度　127
（2）　十津川村に対する認識とイメージ　131
（3）　山間地域における観光の自主編成　138

あとがき ………………………………………………………………… 141

文　　献 ………………………………………………………………… 143

索　　引 ………………………………………………………………… 148

第1章

観光客の入込み数と流れ

第1節　日本列島における観光客の流れ

（1）　圏域間の観光流動頻度

　わが国における観光客流動を概観しておこう。対象にした時期は、バブル経済とリゾートブームを挟む時期である。わが国における、観光に対する位置付けが大きく変化したのがこの期間であるとの認識から、この期間を選んだ。

　国内における圏域内と圏域相互間の観光客の移動を把握するための資料は「全国旅行動態調査」である。その報告書は「観光レクリエーションの実態」として公表されている。調査は5年ごとに行われており、日本国内を北海道、東北、関東、北陸甲信越、東海、近畿、中国、四国、九州の9圏域に区分して集計してある。本論で使用するものは第6回（1985年9月から1986年8月まで）、第7回（1990年9月から1991年8月まで）、そして第8回（1995年9月1日から1996年8月31日まで）の調査結果である。

　まず図1-1から、宿泊観光旅行における圏域間の流動についてみてみよう。数値は回収標本の延回数に基づく結果である。全旅行回数を100％とした圏域内循環と圏域間相互の流動を、両者合わせて、構成比の大きいものから上位10件を1985、1990、1995の各年について図示した。

　1985年においては、10％以上の構成比を占めているのは関東の域内循環流動（14.8％）だけである。5％以上10％未満では、大きい順に、関東から北陸甲信越へ（7.9％）と関東から東海へ（7.2％）の圏域間流動、そして東海、近畿の域内循環（それぞれ5.7％と5.2％）である。5％未満では北から、北海道

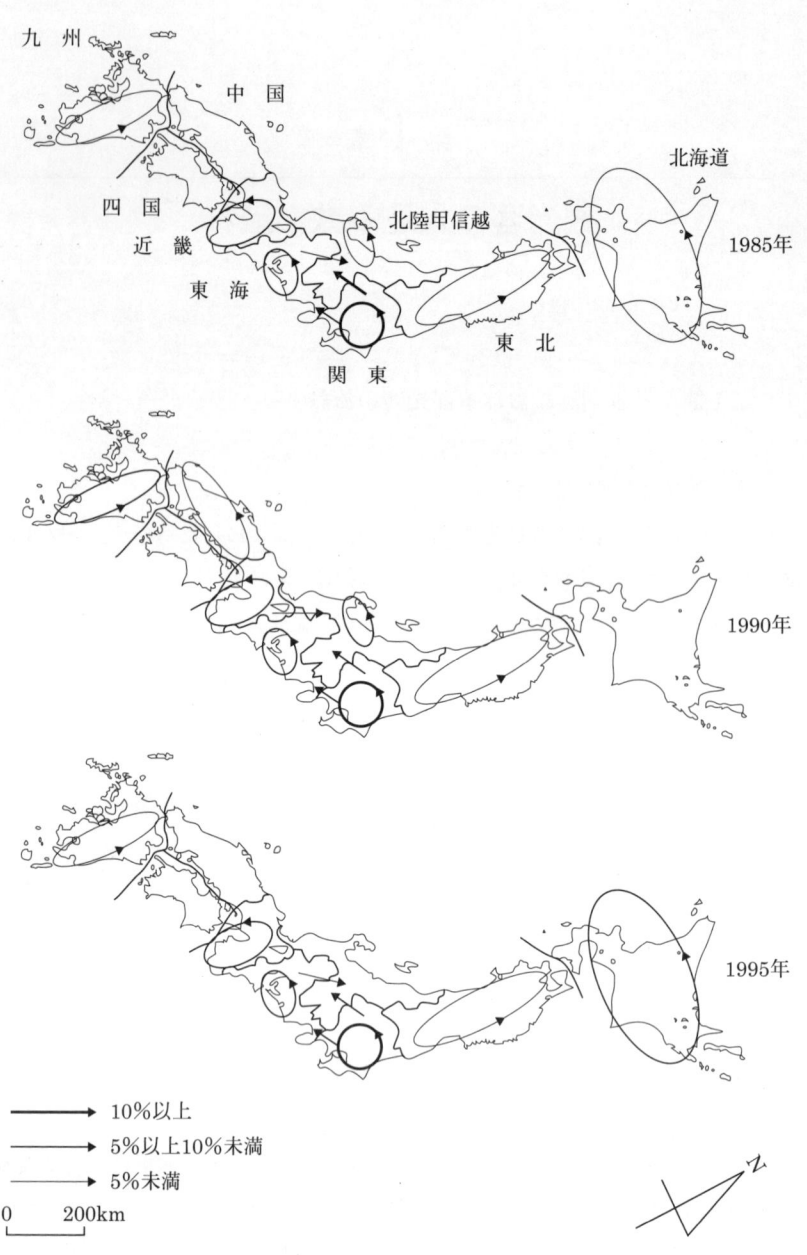

図 1-1　年次別観光客流動
総理府編『観光レクリエーションの実態』より作成

(4.2％)、東北（4.1％)、北陸甲信越（4.4％)、九州（4.1％）の域内循環流動、そして東海から北陸甲信越へ（3.5％）の圏域間流動がある。

　これらをみると、①10件中7件が域内での流動である。中でも、3大都市圏を含む圏域とそれらの圏域に囲まれた圏域での循環ならびに圏域間流動が活発であることがわかる。中でも関東を中心にその隣接圏域との流動が活発である。また、②それ以外の圏域、特に大都市圏から離れた北海道、東北、九州では域内循環流動の比重が大きいことがわかる。これに対して、③大都市圏と縁辺地域部に挟まれた中国や四国では、構成比でみるかぎり、域内、圏域間のいずれも小さいことがわかる。

　1990年の観光客の流動状況は、まず10％以上を占めているのは関東の域内循環流動（13.5％）だけである。次いで、5％以上10％未満で割合の大きい順にみてみると、関東からそれぞれ北陸甲信越へ（9.7％)、そして東海へ（6.3％）の圏域間流動、さらに近畿（6.2％)、北陸甲信越（5.8％)、九州（5.3％）の域内循環、が該当している。5％未満では東海（4.1％)、東北（3.5％)、中国（3.4％）の域内循環と近畿から北陸甲信越へ（3.0％）の圏域間流動である。

　上記のことから1990年にあっても、域内循環流動は10件中7件と圏域間流動件数より多く、中でも関東が大きな割合を占めている点は1985年と変化はない。ただそうした中で1990年に特徴的な点を指摘しておくと、①近畿、九州、さらに中国にみられるように西日本の圏域を中心に構成比を高めている。これらに対して、②関東、東海、東北といった圏域が構成比を減じている。また、③北陸甲信越を挟む関東と近畿からの圏域間流動の構成比が高まっている。

　1995年における観光客流動でも、10％以上を占めているのは関東の域内循環（13.2％）だけである。5％以上10％未満では関東から北陸甲信越へ（9.3％)、東海へ（6.3％）という圏域間流動が大きな構成を占め、東海（5.9％)、北海道（5.5％)、近畿（5.4％）と域内循環流動が続いている。そして、5％未満では九州（4.5％)、東北（4.0％）の域内循環と東海から北陸甲信越へ（3.9％)、関東から東北へ（3.3％）という圏域間流動がある。

　この時期の特徴は、①関東の圏域内循環はその構成比を減じているものの相

変わらず大きな割合を占めていること。②関東、東海、近畿という3大都市圏を含む圏域内の循環流動の構成比が高まっていること。③北海道をはじめとして九州、東北という大都市圏から離れた圏域での域内循環の構成も大きくなっていることである。

この1990年から1995年の間の変化について地理的分布をみてみると、まず、①東海圏域内と東海から北陸甲信越への圏域間流動の増加、北陸甲信越での減少というように本州中央部で変化がみられる。そして、②北海道における域内循環の大きな増加が特徴になっている。

（2）圏域内における観光客の流れ

圏域内における観光客の動きを北海道を事例に考えてみよう。北海道を取り上げる理由は、圏域の範囲が海岸線によって他の圏域と隔てられており、まとまった観光圏としての把握が比較的容易であると考えたからである。

北海道外からの観光客については、毎年北海道庁から発表されている「来道観光客に関する調査の概要」がある。この統計は交通機関の下り便の輸送実績を基準に推計したものである。表1-1によって1972年度以降についてみてみると、合計値では順調に増加している。特に北海道における観光ブームといわれた1989年末を含む1986年度から1990年度はそれまで200万人台から300

表1-1 来道観光客数と利用交通手段

	1972年度から1975年度	1976年度から1980年度	1981年度から1985年度	1986年度から1990年度	1991年度から1995年度
客数合計	2,133,304 99.9	2,264,234 100.0	2,293,070 99.9	3,329,970 100.0	4,216,248 100.0
航空機	565,621 26.5	917,714 40.5	1,174,327 51.2	1,855,305 55.7	2,687,465 63.7
フェリー	557,731 26.1	642,987 28.4	601,752 26.2	816,604 24.5	985,710 23.4
鉄道	1,009,952 47.3	703,534 31.1	516,991 22.5	658,061 19.8	543,074 12.9

注）四捨五入の関係で構成比合計は必ずしも100.0にならない。
資料：「観光客入込みに関する資料」北海道商工労働観光部観光室

万人台へと大きく増え、さらに1991年度から1995年度には400万人台へと増えている。

次に図1-2によって来道観光客の立ち寄り観光ルートの特徴を検討しておこう。依拠した資料は北海道経済部観光局「平成8年度来道観光客流動実態調査報告書」である。この調査は観光客入込み調査を実施している観光地から30地点を選び出し、あらかじめ行政区分を踏まえつつ観光統計の調査単位として設定した統計区（観光圏）ごとの合計数値に基づき、その結果を図示したものである。尚、圏域内のどこかの観光地を利用すればその圏域を訪れたことになる。また、この範囲は観光客が移動している範囲を示しており、その経路は問題にしていない。

北海道の観光圏は、①函館を中心とした道南圏、②札幌を中心に半径およそ100kmの圏内に含まれる観光地の多い道央圏、③大雪山系を囲む西縁部と北部日本海岸を主とする道北圏、④北見・網走・紋別を中心としたオホーツク圏、

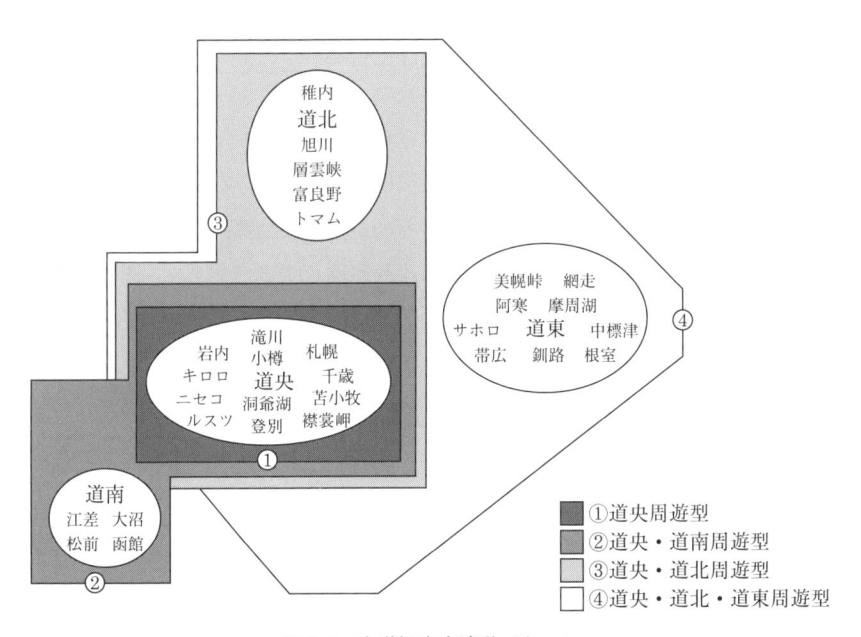

図1-2　来道観光客流動パターン
（北海道経済部観光局「平成8年度来道観光客流動実態調査報告書」より作成）

⑤帯広を中心とした十勝圏、⑥圏内に3つの国立公園を擁する釧路・根室圏である。ただし、これらは上述の行政区分に基づくもののため、範囲が入り組んでいるので、名前と位置的概念とがすべての場合について適合的とは限らない。例えば、道北圏は稚内から旭川、富良野、さらにトマムまで広がり、必ずしも圏域のネーミングと一致しない側面もある。また、道央圏は広範囲に及び、札幌を中心とした圏域のみならず襟裳岬まで含まれる点は注意を要する。なお、流動範囲の表示に際しては、オホーツク、根室・釧路、十勝の3観光圏はこれらをまとめて、本稿では北海道東部（道東と略記）とした。

　この点を考慮すると、圏域の境界線を地図上に明記することはかえって理解の妨げにもなると考えられるので、境界線を図示しなかった。さらに、観光地間の流動構造を検討する趣旨からも境界線は必ずしも必要とは考えられない。

　道東には、屈斜路湖を一望できる美幌峠、宿泊観光地でもある阿寒湖畔、そして摩周湖という湖沼観光地があり、一連の周遊観光コースの一部を構成している。これらの地域はわが国の観光地の中でも歴史が古く、かつ知名度も高い。さらに、中標津や帯広にあっては、牧草、畑作物によって構成される、広大な田園景観を楽しめる。また、世界遺産にも登録された知床半島も当圏域に含まれ、自然観光資源を中心に多様な景観構成になっている。

　図からもわかるように、北海道における来道客の流動圏は、道央圏を軸に展開していることがわかる。道央圏のみを流動範囲とするパターン（図1-2①、以下同様）は全ての流動パターンの20%近くを占め、最も多い。次いで、道央圏と道南圏を範囲とするパターン（②）が15%、道央圏と道北圏を範囲とするパターン（③）が10%、これら3つのパターンで全体の50%弱を占めている。これらに対して、道東圏域を含む主な流動パターンとしてあげられているものは道央、道北、そして道東の諸圏域をまわるパターン（④）が5%台を占めているに過ぎない。

　以上の流動パターンの検討を通して、道外からの観光客の流れの中心的な位置にある道央圏と、そうした流動パターンからは外れたきらいのある道東という2圏域のコントラストが明らかになった。

（3） 訪日外国人の地方圏への流れ

1980年代後半以降、日本人による海外への観光旅行（アウトバウンド・ツーリズム、以下では海外観光と略記する）が極めて活発であるのに比べて、外国人による訪日観光旅行（インバウンド・ツーリズム、訪日観光と略記する）は低調である。こうした現状に対し、観光政策を担当する運輸省でも1991年に「観光交流拡大計画」（Tow Way Tourism 21）を策定し、海外観光と訪日観光の双方を推進する方策を模索している。

この脈略の中で、国土政策においても訪日観光の振興が論及されているようになっている。1998年3月に閣議決定をみた「新・全国総合開発計画 21世紀の国土のグランドデザイン」（「グランドデザイン」と略記）でも、上記の「アウト」と「イン」のインバランスを踏まえて、訪日観光客の拡大のための改善すべき障害を整理するとともに、彼らが大都市圏に集中することを指摘し、この流動構造を地方圏へと拡大するために広域国際交流圏それぞれの受入体制の整備の必要性を指摘している（国土庁計画・調整局、1998、p.54）。

このような地方圏への観光交流の拡大と観光需要の質的変化があるので、全国さらには都道府県レベルでの観光推進策に一層の工夫が求められると同時に、もう一方では圏域を構成する観光地の観光資源の分析と利用動向を把握することも必要になっている。

そして、内外の観光需要は戦後一貫して増加を続けている中で、わが国からの海外観光者は1960年代における海外観光の自由化以降拡大していった。1985年のプラザ合意に基づく国際収支の均衡化に向け、その一環として海外観光の拡大を官民をあげて推進した。こうした政策的誘導もあり、わが国における海外観光は飛躍的に伸びた。

北海道にあっても道内発着の交易は拡大している。さらに、札幌市を中心に北欧や北米をはじめとする北方圏交流の実績もある。また、新千歳空港発着の国際路線も拡大してきたものの、平成不況後の観光需要構造の変化に伴い、これまでの拡大基調の中にも、不安要素をはらむようになってきた。

従来の団体旅行偏重の海外観光から、個人客も大いに視野に入れた観光需要の喚起が求められるようになってきた。また、数こそ海外観光に比べて少ない

ものの、訪日観光も 1990 年代初頭まで順調に伸びてきた。しかし近年、その伸びも鈍化しており、その結果として国際観光におけるインバランスの拡大が加速される結果となった。北海道にあっても千歳発着の国際路線の中には休廃止されるケースも出てきており、北海道を中心とした国際交流の拡大が必ずしも全面的に順調とは言いがたい状況もみられる。

海外観光熱の上昇に比べて、訪日観光は低調である。これはアジアの経済危機も見逃せない要因の 1 つではあるが、訪日観光に対するわが国の国内の対応上の障害があることは否めない。宿泊や移動に要するコストが割高であること、観光ルート、特に地方圏のそれが未整備であること、情報提供・接遇態勢の不備、知名度の不足が考えられる。こうした障害を克服し、インバランス解消に向けて、訪日観光の推進のための施策も模索されているし、「グランドデザイン」にも盛り込まれた。

以上のような国際観光におけるインバランスの進行とともに考えなければならないのは訪日観光客の属性の変化であり、わが国の訪日観光への対応も変化を求められている。近年アジアからの訪日観光客の急増という事態は、かつて 1930 年代以降の国立公園制度の整備のときに試みられたような外貨獲得手段としての欧米からの訪日観光客招致とは異なった様相を呈している。

　　このような近代における観光の変化は「観光革命」という言葉で表現されることがある。石森秀三（1996）は、19 世紀以降の 3 つの「観光革命」を論じている。まず、最初のもの（「第 1 次観光革命」）は 19 世紀の後半に発生し、震源地はヨーロッパであった。国内旅行の大衆化に呼応する形で、富裕階級のエリートたちが好んで外国へ出かけるようになったことである。鉄道や船舶などの交通手段の整備や電信などの通信手段の発達にあずかるところが大きい。また、この時代はヨーロッパ列強による植民地獲得競争も激化した時期でもあった。だから、この時代の観光は「植民地観光」の性格を強くもっていた。

　　「第 2 次観光革命」は第一次世界大戦後のことで、震源地はアメリカ。そして、決定的な役割を果たしたのは自動車の普及である。さらにこの消費をリードした中産階級によってアメリカからヨーロッパへの観光旅行ブームが引き起こされた。これは従軍した将兵が地中海や欧州諸都市の魅力にふれたことにもよる。客船の大型化も進んだ。こうした動きに対して欧州諸国の中には政府観光局を設置する国々でてきた。日本も 1931 年に鉄道省国際観光局を設けている。

「第3次観光革命」はごく最近のことで、1960年代に入ってからである。国際観光の促進が国際政治・経済の重要課題とみなされるようになった。1970年代にはジャンボジェット機の就航が本格化し、一度に、大量に、早く、旅客輸送が可能になった。いわゆるマス・ツーリズムの幕開けである。日本でも東京オリンピックの開幕の年に観光目的の海外旅行が自由化され、海外旅行隆盛のきっかけとなった。また、東海道新幹線も開通した。ここまで3つの「観光革命」についてふれたが、「観光革命」はこれで終わるわけではない。21世紀にはアジアを震源として「観光革命」が起こるともいわれている。もしそうであれば、アジアの一員としての日本がそれを利用した観光新興策を考えない手はない。

ところで、アジアからの訪日観光の関心の多くの部分を占めるものにショッピングがある。この点からすると多様かつ多量の商品を揃えた大都市の魅力は一層高まる。その意味で、これまで以上に大都市圏への集中の深化が進む。また、東京、大阪への集中が進む背景にはこれらの都市を中心に国際線の航空路が設定されていることにもよる。このように、立寄地は限定的であるので、全国統計から北海道の訪日観光客の訪問観光地をみてみると、20位前後に札幌が推移しているに過ぎない。

ただし、日本の温泉や自然景観への関心も少なからずあり、この点に焦点を合わせ、地方圏での訪日観光客誘致への関心も高まりつつあり、北海道にあってもこうした訪日観光客招致に向けての努力がなされている。近年、訪日来道観光客数の統計的把握のための統計が整備されつつあり、新たに北海道観光局による統計の公表も始まり、これに依拠して、道内観光地の圏域別の動向や国別の動向を検討することができるようになった。

そこで以下においては、①北海道における訪日観光の現状を概観する。そして、②市町村レベルにおける訪日観光客の属性の差異を明らかにする。③網走市を事例に訪日観光客の動向を確認する。以上の点について検討を進めたい。

北海道にあっては現在、訪日観光客の動向をみる統計としては北海道経済局から発表される「国別訪日外国人宿泊者数（延べ人数）」がある。大規模な宿泊施設のある都市や温泉地の数値が相対的に大きくなるものの、全体の傾向をみるには差し支えなしと考える。

図1-3は1997年度の訪日観光客の状況を出国・地域別に示したものである。台湾からの宿泊客が最も多く、17万人以上を示している。構成比では総数352,464人の半数近くを台湾が占めている。次いで、韓国が4万人台、香港が3万人台、アメリカが2万人台で続いている。以上が1万人以上である。5千人以上まで拡大すると、ロシアが9千人弱、ついで中国が6千人台となっている。これら4か国2地域の内、アジアの国と地域が4つ含まれている。さらにロシアは極東地域との交流が中心と考えられる。たとえば、小樽市はナホトカ市、函館市はウラジボストク市、稚内市はネベリスク市とコルサコフ市、釧路市はホルムスク市、というようにロシア極東地方の諸都市と姉妹都市提携をしている。

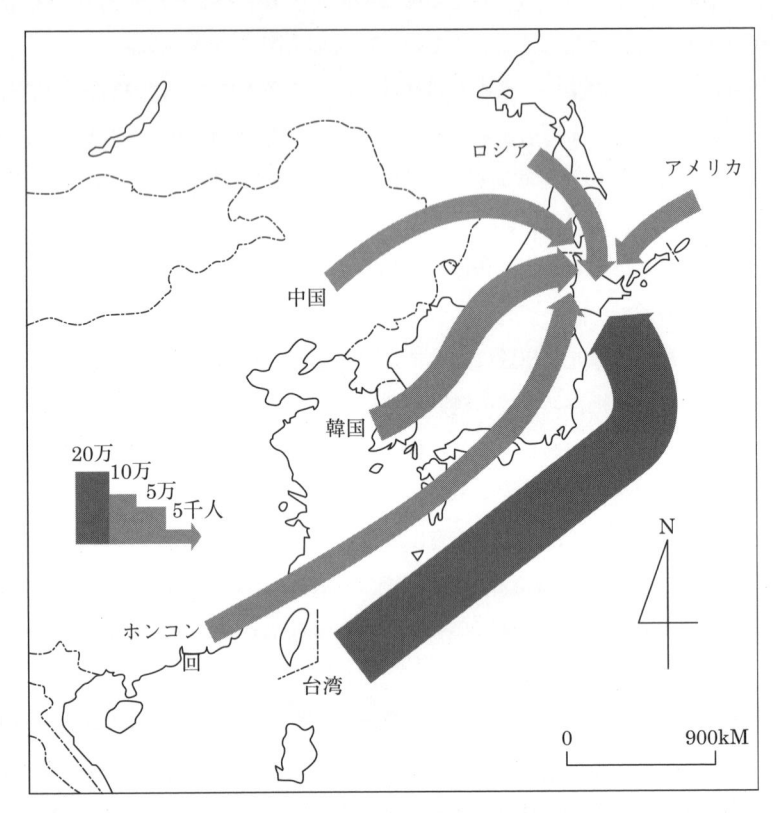

図1-3　国・地域別にみた北海道への訪日観光客
北海道経済部観光局「平成9年度　観光入込客数調査報告書」より作成。

次に、上記の6か国を含む訪日観光宿泊客の延べ人数が1千人以上ある宿泊地を図1-4に示してみた。人数が最も多いのは札幌市（定山渓を含む）で9万人台である。次いで壮瞥町の3万5千人、さらに、函館市（湯の川温泉）、千歳市、阿寒町の順で2万人台の市町が続いている。以下、1万人台では上川町、登別市、虻田町（洞爺湖温泉）、帯広市、北広島市となっている。これらのことからもわかるように、①訪日観光においても札幌市をはじめ道央圏の都市や温泉観光地を中心に他圏域の温泉観光地をつなぐ流動パターンであると考えられ、この点は、先に検討した道央圏を中心とした道外客の観光流動構造が訪日観光客についてもあてはまることがわかる。その一方で、②道東圏で人数の多いところも点在しておりこの点では訪日観光に特徴的な点といえる。

なお、図1-4には表示できなかったが、札幌市への宿泊が最も多いのは主要6か国中（地域を含む）5か国ある。台湾からの観光客は、札幌市（3万人台）の他に、壮瞥町（2万人台）、虻田町（1万人台）という道央圏の宿泊観光地の他に、道南圏の函館市、道東の阿寒町にも宿泊客がみられる（いずれも2万人台）。

韓国だけは札幌よりも虻田町への宿泊が若干多くなっている。この他に韓国からの観光客は千歳市、登別市でも7千人台の宿泊者数があり、道央圏の宿泊観光地に分散している。ホンコン、アメリカそして中国はいずれも全体の40％が札幌市での宿泊である。最後にロシア、札幌市に2千人で最も多いが、ほぼ札幌市に並んで釧路市でも2千人近い宿泊者数がある。その他に稚内市、小樽市も1千人台の宿泊者数がある。

引き続き図1-4によって国・地域別の構成比を市町村ごとにみてみると、本節において考察の対象にした宿泊観光地の中には、特定の国や地域からの宿泊客の割合の大きい市町村がある。仮にその構成比を40％以上として、特化型の宿泊観光地とすると、17市町村がそれに該当する。中でも台湾特化型の市町村が13市町村を占めている。その市町村の分布を見てみると道央圏の市町村は4例（壮瞥町、虻田町、北広島市、苫小牧市）に過ぎず、残りは道北（上川町、旭川市、占冠村）、道東（留辺蘂町、音更町、網走市、阿寒町、斜里町）、道南（函館市）の諸観光圏にある市町村である。この傾向はホンコン（新得

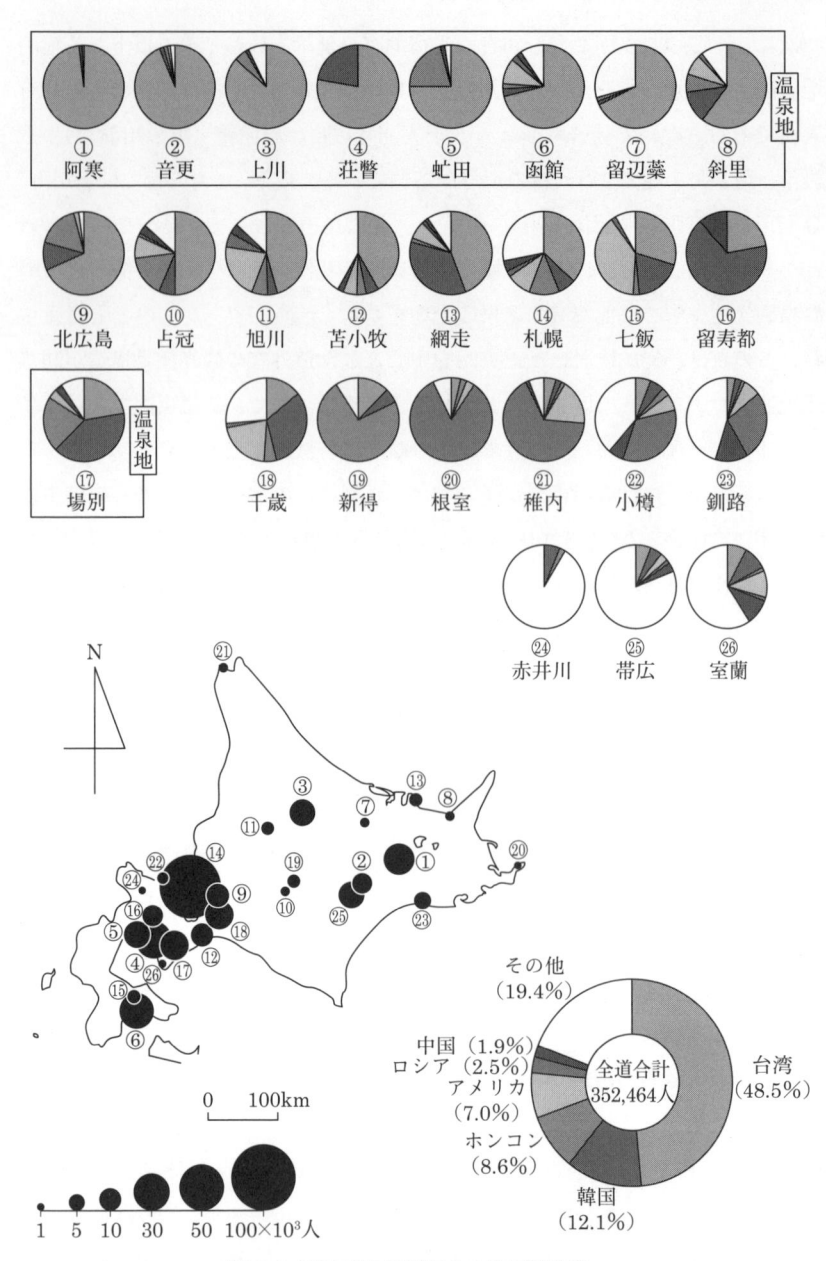

図 1-4　道内宿泊地別にみた訪日観光客
北海道経済部観光局「平成 9 年度　観光入込客数調査報告書」より作成

町)、ロシア（根室市、稚内市）についても同様である。

　そこで以下では、大都市圏から離れた地方圏における訪日観光の存立形態を具体的に検討することによって本項の課題への接近を図りたい。そうした事例の1つとして台湾特化型の網走市を次に取り上げてみよう。

　オホーツク海沿岸の観光の中心地である網走においてもアジアからの訪日観光客増加の趨勢は顕著である。網走市観光協会の資料から1997年度と1998年度の台湾人観光客を比較（訪日観光客数の比較は特記しない限り、以下同様）してみた。その結果、宿泊者数では1997年度が1,760人であるのに対して、1999年度は4,255人となっており、2.4倍の伸びを示している。

　網走市における訪日観光客の動向においては、観光拠点のオホーツク流氷館入館者数では、6,379人から16,073人（2.5倍）、博物館網走監獄では5,047人から13,469人（2.7倍）というように著しい増加を示している。

　さらに、近年観光客に人気を集めているのが流氷観光砕氷船「おーろら」による沿岸クルーズである。流氷がオホーツクの海岸に押し寄せる2月と3月を中心に運行スケジュールを組んでいる。その流氷砕氷船への訪日観光客（計数は外国人乗船者数だが、ほとんどが台湾人）についても、1997年度の2,638人から1999年度には5,548人（2.1倍）へと増加している。

　これまで述べてきたような本道への台湾を中心とした訪日旅行客の増加は北海道の自然が観光資源としてアジアの諸国からも認められたと考えてよい。このように台湾を中心にインバウンドが増加している背景には、熱帯・亜熱帯地方に生活する人々にとって、比較的手軽に訪れることのできる冷帯地方としてオホーツク・網走地域が位置づけられ、その自然環境、中でも流氷体験が訪日旅行コースの中に組込まれていること、台湾の経済成長にともなう余暇需要の拡大といった点が考えられる。

　　　台湾は九州を一回り小さくしたほどの広さ。山が多く北海道のように広々としていない。行楽地は人だらけ。四季の区別もはっきりせず、春と夏しかない。勢い、海外旅行は盛ん。国際観光振興協会によると、毎年、10人に3人が海外旅行にでかける。道内からの海外旅行客の5倍だ。この冬はオホーツク海の流氷見物が人気を集めた。(「朝日新聞・道内版」2000年3月29日付)

ただし、このことは現状の維持を肯定するものではない。今回のアジアからの「北海道ブーム」は本道における訪日観光客招致に関係する方々の努力の賜であることはいうまでもないが、もう一方で航空会社の旅客獲得競争の副産物という側面も否定できない。

  アジア航空は日本航空の傘下。台北から関西空港や成田までアジア航空の定期便で飛び、そこで日本航空の札幌行きに乗り継いでもらう。…アジア航空が台北から福岡に乗り入れていないことも北海道ツアーに力を入れる背景にあった。…受け入れ側の北海道観光連盟を交え観光宣伝を積極的にスタートさせた。アジア航空は乗り継ぎ客を対象に運賃の30％値引きに踏み切り、道観連は台湾で観光セミナーを何度も開いた。効果は絶大だった。年間5千人程度だった北海道を訪れる台湾人は1996年には2万5千人を越し、1997年には4万3千人に増えた。これを見た中華航空とエバー航空も追随。新千歳空港まで直行のチャーター便を次々と飛ばし、1998年に北海道を訪れた台湾人は7万3千人に。1999年は9万8千人を越した。…ツアー代金は4泊5日で12万円程度。決して安くはないが、パソコンなどの情報機器産業を中心に台湾の経済活動が活発なことも旅行ブームを後押しした。(「朝日新聞・道内版」2000年3月30日付)

したがってこの「ブーム」を糧にリピーターの確保にむけた一層の工夫が必要になっている。その際に注意を要するのは、北海道というイメージの多様性である。札幌と網走とを別々にまわってもどちらも北海道旅行をしたことになる。これでは北海道というものがあいまいなものになり、かえって観光戦略の障害になる恐れも考えられる。この観点から、これまで一律、統一的に論じられてきたきらいのある北海道観光の販売戦略から脱皮し、地域的差異をより一層はっきりさせることが必要になっているのではなかろうか。このことが観光による波及効果を生みだし、地域活性化にもつながっていくのではないだろうか（小松原尚、2001）。

第2節　観光客入込み数調査の分析

（1）　入込み数からみた観光地

　観光を地域活性化につなげようとする試みが各地でみられる。さらに「グランドデザイン」の策定にあたって他地域との交流に着目した「交流人口」の考え方が提起され、その指標構築に際して「観光客入込み数」への関心も高まっている。北海道を例にとれば、これに関する統計資料としては商工労働観光部観光室から毎年公表されている「観光客入込みに関する資料」に掲載されている「主要観光地における観光客入込み数調査」がある。「主要観光地」とは道が定めた観光客入込み調査対象地（本章でいう観光地とは特にことわらない限り「主要観光地」をさす）のことで、上記資料はその観光地を有する市町村が道の定めた「観光客入込み数調査要領」に則って調査あるいは推計したものをまとめたものである。ただし、この観光地の取り扱い方は1996年度までである。その分布を示せば図1-5のようになる。さらに、図1-5には、札幌2.5時間圏と自然公園域を示しておいた。前者は、道路時刻表を用いて観光地の最寄りの時刻表記載地点と札幌市との時間距離を計算し、2時間半以内で到達可能な範囲を示している。後者は、国立公園、国定公園、道立自然公園の領域をまとめて表記した。1997年度から新たに施行された「北海道観光客数調査要領」では、数値の公表は「主要観光地」から市町村単位に変更された。したがって、統計数値の連続性の観点から1996年度までの数値を使用する。

　ところで、この統計は数値の調査とその処理方法に特徴がある。例えば、ある1人の観光客が観光地A〜Eを2泊3日で周遊したとする。その間に各観光地で観光入込み調査対象を1か所ずつ（A、C、Eでは日帰り客として、B、Dで宿泊客として計算されたとする）訪れると全道の集計結果としては、のべ5人の入込み数として計算される。もしCで観光入込み調査対象のa博物館を見学し、b祭に参加したとすると観光地段階でも重複して計算されることになる。結局この場合1人の旅行行程で、のべ6人の入込み数として計算される。したがって、それぞれの「主要観光地」における入込み客はホテル・旅館等の

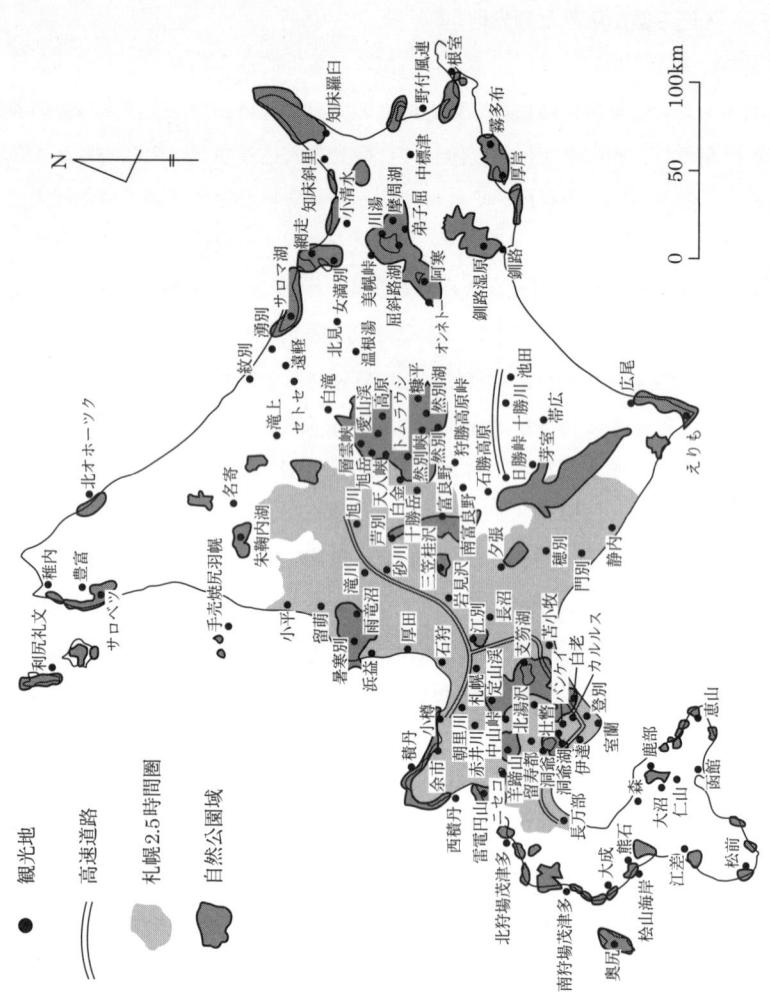

図1-5 北海道における観光地の分布

宿泊施設の利用者数に観光客率を乗じたもの、観光施設の利用者、イベント参加者、これらの数値を足しあげたもの（のべ人数）が観光客入込み数になる。このように、1人の観光客がこれら観光入込み調査対象に重複して記録されることもあり、調査対象が多い観光地ほど数値が大きくなりやすい。一方では、観光入込み数はそれぞれの観光地における観光施設、宿泊施設そしてイベントの充実度の一端を表現した指標でもあると考えられる。

表1-2によると入込み数の5年ごとの平均値を全道合計と圏域別にみてみると、全道の推移では1971年度以降の入込み数の5年ごとの平均値の全道合計の推移をみると、1971年度から1975年度に6千万人台だった入込み数が、1976年度から1980年度には8千万人台に、さらに1986年度から1990年度の期間に1億人を越えている。1971年度から1975年度（68,893,333人）と1991年度から1995年度（129,192,931人）の入込み数を比較すると後者は前

表1-2　観光圏域別入込み数推移

（単位：人、%）

	1971年度から1975年度	1976年度から1980年度	1981年度から1985年度	1986年度から1990年度	1991年度から1995年度
合　　計	68,893,333 100.0	80,873,642 100.0	87,925,963 100.0	112,107,541 100.0	129,192,931 100.0
道　　南	6,831,442 9.9	7,779,082 9.6	8,109,599 9.2	10,922,431 9.7	12,827,963 9.9
道　　央	37,092,698 53.8	41,555,653 51.4	46,890,748 53.3	60,149,182 53.7	67,555,532 52.3
道　　北	8,121,382 11.8	9,144,248 11.3	11,260,823 12.8	14,610,918 13.0	17,412,754 13.5
オホーツク	4,268,897 6.2	7,160,505 8.9	8,292,801 9.4	9,671,003 8.6	10,703,890 8.3
十　　勝	3,472,368 5.0	4,381,583 5.4	4,885,057 5.6	6,5980,602 5.9	7,786,432 6.0
釧路・根室	6,619,744 9.6	7,457,588 9.2	8,486,935 9.7	10,163,405 9.1	12,906,360 10.0
そ の 他	2,486,802 3.6	3,394,983 4.2	0 0.0	0 0.0	0 0.0

注）数値は各年度間の平均値である。
資料：北海道商工労働観光部観光室「観光客入込みに関する資料」

者の2倍近くになっている。圏域別にみても全ての地域で期間を経るごとに数の増加をみている。また、全期間を通じて道央圏の入込み数が全体の5割以上になっているのは、観光客入込み数は各観光地における利用者数の単純合計であるから観光施設など調査対象の立寄地点が多いほど総合計値が大きくなることをも示している。また、観光地では札幌とその周辺の観光地が上位にあるのはこの理由によるところも大きいと考えられる。

「主要観光地」は6グループに分けられている。なお、1988年度までは道南、道央、道北、道東そして大雪山の5圏域にまとめられていたが、1989年度以降より現在の6圏域に再編された。このため旧観光圏の「大雪山」に属していた「富良野・芦別」と「道東」の「知床」は変更後は2圏域にまたがることになるうえ、1971年度から1975年度と1976年度から1980年度は分割した数値が発表されていないので、「その他」としてまとめた。

次に観光地数の変化についてみてみよう。「主要観光地」数の5年ごとの推移を表1-3に示した。それによると、1970年度から1990年度まで観光地の数は一貫して増加している。圏域別にみると道央圏で全道と同じような増加傾向を示している。年度ごとの数を比較してみてみると、まず1970年度と1975年度とを比較すると、増加したのは道央圏の他に道北圏、十勝圏、1975年度と1980年度との比較ではすべての圏域で増加している。中でもオホーツク圏は構成比も大きく伸びている。1980年度と1985年度を比較すると道南圏を除くすべての圏域で増加している。1985年度と1990年度との比較では、道央、オホーツク、釧路・根室で増加し、道北圏では減少している。最後に1990年度と1995年度との比較では、道央圏、道北圏で増加、十勝圏で減少している。また、観光地の中で40%が道央圏に含まれており、入込み数では道央圏が50%以上になっているためその趨勢が北海道の観光の動向として表れる結果になっている。

このように各圏域に属する観光地数に大きな差異がみられ、この圏域単位で個別観光地を分析するのは一考を要すると考えられる。そこで、6圏域を2地域（それぞれ「南西地域」、「北東地域」と仮称する）のグループに分けて考察を進める。まず、南西地域は道央、道南観光圏を包括する。北東地域は道北、

表1-3　主要観光地数推移

	1970年度	1975年度	1980年度	1985年度	1990年度	1995年度
合　　計	69	74	93	102	105	105
（％）	100.0	100.0	100.0	100.0	100.0	100.0
道　　南	8	8	12	12	12	11
（％）	11.6	10.8	12.9	11.8	11.4	10.5
道　　央	27	30	37	40	41	42
（％）	39.1	40.5	39.8	39.2	39.0	40.0
道　　北	13	14	17	19	18	19
（％）	18.8	18.9	18.3	18.6	17.1	18.1
オホーツク	5	5	9	11	12	12
（％）	7.2	6.8	9.7	10.8	11.4	11.4
十　　勝	5	6	8	9	9	8
（％）	7.2	8.1	8.6	8.8	8.6	7.6
釧路・根室	9	9	10	11	13	13
（％）	13.0	12.2	10.8	10.8	12.4	12.4
そ の 他	2	2	0	0	0	0
（％）	2.9	2.7	0.0	0.0	0.0	0.0

注）下段は各年度の合計に対する構成比である。
資料：北海道商工労働観光部観光室「観光客入込みに関する資料」

オホーツク、十勝、釧路・根室の観光圏を範囲とする。そして、考察の対象時期を円高不況前後（1985年以降）からポスト・バブル期の1996年度までの期間とした。さらにこの期間を統計的に比較するために便宜上の区分として3期に分けた。第Ⅰ期は1985年度から1988年度まで、第Ⅱ期は1989年度から1992年度まで、そして第Ⅲ期は1993年度から1996年度までの時期である。

なお、比較にあたって区分された時期ごとの合計値を用いる理由は、本道の観光資源は気候条件に左右されるものも多いため、単年度ごとの比較にはなじまない状況も考えられると判断したからである。また、図1-5に示した北海道における観光地の分布をみると、自然公園の範囲は、その多くがいわゆる「主要観光地」と一致するものが多いことがわかる。このことは、道内の観光地が気候に左右されやすいことにもつながる。同図からその分布をみると、海岸

線、山岳地域、湖沼域である。

次にⅠ期、Ⅱ期、Ⅲ期ごとに入込み数の変化を南西地域からみてみよう（図1-6）。3期間を通して1千万人ないしそれ以上の入込み数を示している観光地は、札幌、中山峠、函館、洞爺湖、ニセコ、登別、支笏湖である。次にⅡ期、Ⅲ期と1千万人以上を示した観光地は小樽、大沼、壮瞥である。先に示した図1-5と重ねて位置関係をみると、函館、大沼以外すべて札幌2.5時間圏内の観光地であることがわかる。

一方、北東地域については、3期間を通して1千万人クラスの観光地は旭川、層雲峡の2例のみである。Ⅲ期には、前2例に準ずる規模のものとして釧路が新たに加えられるに過ぎない。そこで5百万人のレベルまで範囲を拡げると、3期間を通して該当する観光地は大雪山周辺では富良野、オホーツク沿岸と内陸では網走、サロマ湖、知床斜里、阿寒、その他に帯広が該当する。次にⅡ期、Ⅲ期と連続した例をみると釧路、利尻礼文、狩勝高原峠、Ⅱ期のみでは川湯と摩周湖がある。

最後にⅠ期、Ⅱ期、Ⅲ期を通じて数値の確認できる観光地の中で入込み数の少ないものをみてみると、雨竜沼、朱鞠内湖、手売焼尻羽幌、穂別、白滝、奥尻、滝上、名寄、門別、遠軽、鹿部、南狩場茂津多、豊富、女満別、サロベツ、南富良野、中標津、霧多布、北狩場茂津多、広尾があげられる。これらの中で南西地域の札幌2.5時間圏に含まれるのは雨竜沼、穂別、門別の3例に過ぎず、他は道南の沿岸域の観光地である奥尻、鹿部、南狩場茂津多、北狩場茂津多である。これに対して北東地域では道北の手売焼尻羽幌、名寄、豊富、サロベツ、大雪山から道東にかけての自然観光資源に立脚した観光地である白滝、滝上、遠軽、女満別、南富良野、中標津、霧多布、広尾が含まれる。

以上の検討から、①入込み数の多い観光地は南西地域の中でも札幌2.5時間圏に集中している。それ以外の事例は札幌を中心とした道央以外の圏域の中心都市と観光地である。逆に②入込み数の少ない観光地は北東地域の中でも自然環境の影響を受けやすい地域に多い。そして③入込み数の多少にかかわらず増減の変化の大きい観光地が両地域とも存在することがわかった。

第1章　観光客の入込み数と流れ　27

図1-6　観光地別にみた観光客入込み数の変化
資料：北海道「観光客入込みに関する資料」

（2） 観光需要の季節的偏倚

個別の観光地の変化を検討する前に、まず全国と全道の月別構成比の変化と推移をみておこう。表1-4は1996年における月別の観光・レクリエーションのウエイトを比較するために作製したものである。依拠した統計は全国のものは総理府内政審議室調査による全国月別旅行回数、北海道はこれまで使用してきた「観光客入込みに関する資料」である。北海道の場合は年度で区切られているため、全国統計にあわせて暦年に組み直すとともに対象年も全国統計に合わせた。また、それぞれ旅行回数と入込み数という調査項目の異なった統計であるが、月別の旅行頻度の構成比を比較するうえでは大きな支障はないと判断した。この表によれば、全国、北海道ともに8月に集中している。また、全国では梅雨期の6月から7月にかけて構成比は落ち込んでいるのに対し、北海道は6月から9月まで10％以上の構成比を示している。これとは逆に1月から4月までと11月から12月までは北海道は6％未満になっている。

次に北海道内におけるそれぞれの観光地について、夏季の代表として7、8月、冬季の中から1、2月について、観光客入込み数月別構成比の3期間における推移を検討してみた。各期間とも観光地数の合計は105である。

表1-4　月別旅行頻度の比較（1996）

月	全国	北海道
1	○	
2	○	
3	○	
4	○	
5	◎	○
6	○	◎
7	○	◎
8	◎	◎
9	○	◎
10	○	○
11	○	
12	○	

注）◎は10％以上、○は6％以上10％未満
資料：総理府内政審議室および北海道「観光客入込みに関する資料」より作成。

まず、8月からみてみよう。Ⅰ期よりもⅡ期そしてⅢ期と構成比20％以上の観光地数は減少している。南西と北東の両地域を比較すると南西地域の方が北東地域よりも減少数が多い。Ⅰ、Ⅱ期では南西地域は30例から28例へと減少しているのに対して北東地域は総数では34例と変化していない。Ⅲ期ではこの傾向がさらに顕著になり、南西地域が21例に対して北東地域は33例になっ

ている。

　3期間を通じて構成比20％以上の観光地数は南西地域の17例に対して、北東地域は25例である。一方、前2期間の両方か片方で20％以上だった観光地でⅢ期では20％未満になった観光地は南西地域では11例あるのに対して、北東地域は4例のみである。

　次に7月については、8月の場合とほぼ同様の傾向がみられる。すなわち、①新しい期間ほど構成比20％以上の観光地が減少しているということ、②北東地域に比べて南西地域の方が減少件数が多いこと、③3期間を通じて20％以上の観光地数は北東地域、Ⅲ期では20％未満になった観光地の数は逆に南西地域の方が多くなっていることである。

　7月に特徴的な点を1つ付け加えるとすれば、Ⅰ期とⅡ期いずれかあるいは両方で20％未満だった観光地でⅢ期には20％以上になった観光地が、南西地域では1件であるのに対して北東地域では4件になっており、8月の1対2に比べて差が大きい。

　1、2月については南西、北東両地域ともスキー観光地がⅠ期とⅡ期いずれかあるいは両方で20％以上だったがⅢ期には20％未満になっている。例えば南西地域では夕張、北東地域では狩勝高原峠、富良野である。

　そこで次に、本道観光にとってウエイトの大きい8月の構成比に絞ってⅠ期、Ⅱ期、Ⅲ期の変化をみてみよう。

　Ⅰ期よりもⅡ期そしてⅢ期と構成比20％以上の観光地数は減少している。南西、北東の両地域を比較すると、南西地域の方が北東地域よりも減少数が多い。Ⅰ期、Ⅱ期では南西地域では29例から28例へわずかながら減少しているが、北東地域は数の上では変化していない。Ⅲ期ではこの傾向が一層顕著になり、南西地域が21例に対して北東地域は32例になっている。3期間を通して構成比20％以上の観光地数は南西地域の17例に対して、北東地域は25例ある。

　南西地域でのこれらの分布をみてみると、まず道央圏の海水浴場を含む海岸線や湖が観光資源となっている観光地が多い。この意味から夏季への集中傾向が強くなっていると考えられ、海岸線を取り囲む形で分布しているものが多い

ということである。沿岸域では江差、南狩場茂津多、北狩場茂津多、浜益、積丹、石狩、厚田、雷電円山、西積丹、室蘭、伊達、えりも、内陸の湖沼では支笏湖、雨竜沼、朱鞠内湖である。それから滝川、穂別についてはいずれも主要道に隣接した観光・レクリエーション施設の利用客の動向を反映している。

　また、北東地域でもいわゆる水辺に多い。沿岸域では小平、国定公園でもある暑寒別、手売燒尻羽幌、国立公園の利尻礼文、稚内、サロベツ、そしてオホーツク海沿岸の北オホーツク、サロマ湖、女満別、小清水、さらに知床国立公園域の知床斜里と知床羅臼、野付風連、根室、太平洋側の霧多布、厚岸と連なっている。次に内陸部では、阿寒国立公園域の屈斜路湖、弟子屈、川湯、摩周湖、オンネトー、美幌峠が8月（夏季）に集中している。そして、これら観光地との連絡の結節点となる中標津、遠軽も夏季の入込みの比重が大きい。帯広は域内のテーマパークの利用者が夏季に集中していることを反映している。

　最後に全期間を通して20%を超えなかった観光地数は南西地域では18例、北東地域では15例である。このカテゴリーにあてはまる観光地は南西、北東の両地域とも共通の要素がある。

　まず第1に、ニセコ、富良野、石勝高原、狩勝高原峠をはじめ本道における主要なスキー場が含まれていること。第2に、札幌、旭川、函館という道内主要都市もこの類型に入る。そして第3は、定山渓、朝里川、登別、洞爺湖、天人峡、温根湯、十勝川、阿寒という各観光圏における中心的な温泉地も含まれるということである。

　最後に観光客入込みの8月への集中度から、季節的にみた観光地の特徴をみてみよう。その理由は、全国、北海道ともに8月のウェイトが最も大きいが、北海道の方が、全国に比べてさらに大きくなっているからである。

　この分布を自然環境と重ね合わせてみると海水浴場を含む海岸線や湖が観光資源となっている観光地が多くなっている。この意味から夏季への集中傾向が強くなっていると考えられ、海岸線を取囲む形で分布しているものが多い。

　例えば、①道央圏の沿岸域からみてみると南狩場茂津多、浜益、積丹、伊達、えりも、さらに②北東部へ続けて小平、国定公園でもある暑寒別、手売燒尻羽幌、国立公園の利尻礼文、そしてオホーツク海沿岸のサロマ湖、そして知

床国立公園域の知床羅臼と連なっている。③内陸の湖沼では朱鞠内湖である。

次に観光客入込みの月別構成比に着目して道内観光地の類型的把握を試みる。それによると、季節的な偏りの比較的小さいグループと逆に大きいグループとに分けられることがわかった。

第Ⅲ期の数値を使って、全道105の観光地別に月ごとの構成比を計算し、20％以上の月を調べてみた。北海道「観光客入込みに関する資料」では104観光地となっているが、これは知床（斜里、羅臼）をまとめて１つの観光地としているためである。統計上の観光圏も異なり、数値も別々に公表されている点を考慮し、それぞれ単独の観光地として取り扱うことにした。

観光地ごとの入込み数に占める各月の構成比を求めた結果、観光地の特定の月への集中に着目してみると大きく２グループに分けることができる。１つはすべての月で20％未満、季節的偏りの比較的小さい観光地（a型と総称する）、もう１つは月別構成比を示す数値が20％台あるいは30％以上の月がひと月以上ある、特定の月への集中が顕著な観光地（b型）である。

まずa型は、このカテゴリーにあてはまる観光地は41例であり、全体の４割弱である。これらの中にはニセコ、赤井川、富良野、石勝高原、狩勝高原峠をはじめ本道における主要なスキー場が含まれている。また、札幌、小樽、旭川、函館という道内主要都市もこの類型に入る。そして、定山渓、朝里川、登別、洞爺湖、洞爺、天人峡、温根湯、十勝川、阿寒という各観光圏における中心的な温泉地も含まれる。

次にb型観光地について見ておこう。全観光地の中で６割を越える64例が含まれる。このb型に含まれる観光地の中で８割近くが８月に集中し、さらにそれらの内の４割以上（23例）が７月と８月の組み合せ、８月のみが25例になっている。

a、b両タイプの観光地の分布をまずa型から見てみよう。

西南地域はこの型に含まれる41例の中で、７割以上（29例、70.7％）を占め、特に道央圏の観光地に多い。この地域は鉄道、高速道路を中心に高速輸送密度の高い地域でもある。この交通路の沿線には、岩見沢、江別、札幌、朝里川、小樽、苫小牧、白老、登別、洞爺湖、長万部がある。そしてそれらに隣接

して、支笏洞爺国立公園を中心とした観光圏域を形成している定山渓、赤井川、余市、中山峠、北湯沢、壮瞥、洞爺、留寿都、羊蹄山、ニセコといった観光地がある。また道央交通路とそれに平行して南北に伸びる脊梁山脈との間には芦別、夕張、長沼、日勝峠といった観光地が展開している。これらの観光地は道内外から多数の観光客を集めているものが多く、北海道観光における主要地域として位置付けられるとともに、札幌を中心とした観光・レクリエーション圏を構成している。道南圏では函館とその近隣の大沼、恵山、奥尻、鹿部がa型となっている。

　北東地域でa型に含まれるものは大雪山国立公園周辺のスキー場や温泉地を含む観光地が多い。すなわち前者では富良野、石勝高原、狩勝高原峠、白滝、後者では温根湯、層雲峡、天人峡、糠平、十勝川、阿寒がそれにあたる。さらに北東地域の2大中心都市である旭川と釧路もa型である。

　次にb型についてみてみよう。南東地域のものは24例（b型観光地の内の37.5%）ある。これらの分布をみてみると、海水浴場を含む海岸線、内陸部の湖沼（人造湖を含む）や河川が観光資源となっている観光地が多い。この意味から夏季への集中傾向が強くなっていると考えられる。

　具体的には、30%以上の月が7月か8月のいずれかでひと月以上あり、夏季への集中が顕著な観光地である南狩場茂津多、積丹、石狩、厚田、浜益、伊達、えりも、雨竜沼、朱鞠内湖。20%台がひと月以上あり、30%台の月がない観光地は支笏湖、北狩場茂津多、雷電円山、西積丹、室蘭である。道南圏の江差、桧山海岸もこの仲間に分類される。それから滝川、砂川、三笠桂沢、穂別、門別についてはいずれも主要道に隣接した観光・レクリエーション施設の利用客の動向を反映している。また、松前、森、静内は「桜」を観光資源にしている。

　次に北東地域でb型に含まれる40例（b型観光地の内の65.6%）について検討してみよう。特徴の1つは海岸線を取囲む形で分布しているものが多いということである。日本海からオホーツク海にかけての沿岸域からみてみると、留萌、小平、国定公園でもある手売焼尻羽幌、稚内、利尻礼文国立公園域も含む利尻礼文、サロベツ、豊富。オホーツク海沿岸では北オホーツク、紋別、サロマ湖、女満別、網走、小清水、知床国立公園域の知床斜里と知床羅臼。それ

から野付風蓮、根室、太平洋側では霧多布、厚岸、国立公園域となっている釧路湿原、そして十勝の広尾と連なっている。

これらの観光地では夏季、特に8月に集中する傾向が強い。なお、紋別は2月にも20%以上の集中をみるが、これは流氷を観光資源として活用している結果が表れていると考えられる。次に内陸部では、阿寒国立公園域の屈斜路湖、弟子屈、川湯、摩周湖、オンネトー、美幌峠が夏季に集中している。そして、これら観光地との連絡の結節点となる中標津、北見、遠軽も夏季の入込みの比重が大きい。

自然観光資源の中で山岳地域を対象とした観光地では暑寒別、十勝岳、白金、旭岳がある。また湖を観光資源としている然別、ダム堰止湖とその周辺を観光地としている南富良野も夏季集中のタイプである。

以上述べたように、a型に含まれる観光地の数は少ないものの、入込み数の全体に占める割合でみると、6割以上を占めている。しかも、入込み数の上位を占める観光地が多い。また、観光資源に注目すると域内に支笏洞爺国立公園を含む観光地、本道における主要なスキー場、そして道内主要都市を含んでいる。この意味で、このグループは北海道における観光地の主要部と位置づけられる。

これに対し、夏（3季）型であるb型は、道内の縁辺地域（道北の先端域からオホーツク、釧路・根室、十勝にかかる圏域）に多く分布している。そして、阿寒、大雪山国立公園といった自然公園制度発足当初からのもののほか、知床、利尻礼文サロベツそして本論のケーススタディーとして位置づけた釧路湿原の各国立公園が含まれる。その意味では、自然景観をセールスポイントとする本道観光の重要地域でもある。

上記の2つの類型に属する観光地の分布をみると、季節的に偏りの小さいグループは南西地域、中でも道央圏を中心にほとんどの観光地が人口10万人以上の都市に近接した範囲に含まれている。したがって、その多くは、この都市圏の観光・リクリエーション地としての機能をこれらの観光地が担っていると予想される。

これに対して季節的に偏りの大きいグループでは、道央圏内にあるものは比

較的少なく、①北東地域では北見、釧路を中心とした圏域に含まれるもの。②南西地域では地域の縁辺部にあるもの、そして、③道路を主な連絡手段として考えた場合、中心都市との交通アクセスに乏しい地域では夏季に偏った観光地が多いと考えられる。

　なお、北海道経済部（1997）には、国内外に開かれた魅力あふれる北海道観光を実現するための現状と課題がまとめられている（第Ⅴ部）。その中で、観光振興の課題の1つとして通年型観光の促進を取り上げている。また、北海道経済連合会・北海道東北開発公庫（1983）では北海道における冬季の観光振興の重要性を指摘している。同様に北海道商工労働観光部観光室（1989）においても一季型観光から通年型観光への転換を提唱し、そのための課題として冬季の観光客誘致に着目している。

（3）　入込み数の増減からみた観光地

　図1-7は1981年から1985年と1991年から1994年との観光客入込み数の変化を増減率で表しそれを円グラフにして該当する観光地に示したものである。この両期間を選んだのは、リゾート・ブームを挟み、その前後で観光客入込み数にも大きな変化をみたと考えられるからである。なお、この期間のいずれかの年に数値を欠く観光地は検討の対象から除外してある。

　圏域別に観光地を検討してみる。道南圏では熊石、奥尻で減少している。他の地域は全て増加している。中でも森（281.3）、長万部（152.7）での増加の割合が大きい（括弧内の数値は増減率、▲は減少を表す）。道央圏では日本海側の浜益（▲29.8）、厚田（▲21.8）、石狩（▲20.4）と噴火湾および太平洋岸の伊達（▲18.3）、えりも、また内陸部の三笠桂沢で減少している。その他の地域では増加している。100ポイント以上の増加率を示した地域だけでも羊蹄山（795.4）、穂別（524.4）、静内（171.1）、北湯沢（142.9）、長沼（128.4）、岩見沢（108.0）、小樽（101.1）の7地域にのぼる。道北圏では小平で減少しているが、その他の地域は増加している。100ポイント以上の増加率を示した地域は手売焼尻羽幌（306.3）、十勝岳（223.5）、石勝高原（211.3）、白金（144.4）である。道東のオホーツク圏、十勝圏、釧路・根室圏ではサロ

マ湖でほとんど増減をみなかったが、他の各圏内の観光地はすべて増加している。中でも中標津（314.0）、釧路（216.5）、帯広（106.6）で100ポイント以上の増加率を示した。

　以上の入込み数の増減から観察する限り、日本海沿岸の一部とその他の数地域を除けば本道における観光客の入込み状況は観光地別にみても順調に推移したように考えられる。特に、北東地域内の観光地にその傾向がうかがえる。

　次に、図1-7に使用した統計数値を次のように加工してみた。すなわち、全道合計の変化とそれに占めるそれぞれの観光地の構成比を前期間と比較し、それを増減率で示すことによって入込み数の変化を地域的に比較した。図1-8がそれである。この図を用いて観光地の変化を圏域ごとに分けて検討する。道南圏では森（158.1）の構成比の伸びが大きい。その他に長万部、函館も構成比を伸ばしている。一方、熊石（▲38.5）、奥尻（▲37.4）、をはじめ江差、大成、南狩場茂津多、松前といった日本海側の観光地で構成比を減じている。このほかに恵山（▲27.4）、大沼でも構成比の縮小をみている。道央圏でも小樽（36.1）、朝里川、北狩場茂津多を除く日本海側の観光地で構成比を減じている。すなわち、札幌を中心とした50km圏内では厚田（▲47.1）、石狩（▲46.2）、余市（▲27.9）が、また、100km圏内まで広げると浜益（▲52.5）、雷電・円山（▲21.0）、積丹、西積丹がそれにあたる。内陸部の札幌50km圏では羊蹄山（506.0）、北湯沢（64.4）、長沼（54.6）、岩見沢（40.8）が構成比の拡大をみ、支笏湖（▲29.4）、江別（▲23.1）、中山峠、定山渓、札幌では減じている。100km圏では穂別（322.6）、夕張（23.5）、ニセコ、壮瞥、滝川で拡大、三笠桂沢（▲36.8）、芦別、洞爺（▲32.3）、洞爺湖で減じている。雨竜沼、朱鞠内湖ではほとんど変化をみなかった。太平洋側の50-100km圏では苫小牧、登別で拡大、伊達（▲44.9）、室蘭（▲21.4）、白老で減じている。100km圏を超えると、静内（83.5）で拡大、えりも（▲37.8）、日勝峠で減じている。

　道北圏の中で大雪山系西縁では十勝岳（119.0）、石勝高原（110.7）、白金（65.4）で大きく構成比を伸ばし、富良野でも若干拡大している。一方で層雲峡（▲18.3）、天人峡（▲16.6）、旭岳では相当の構成比を減じているし、旭川

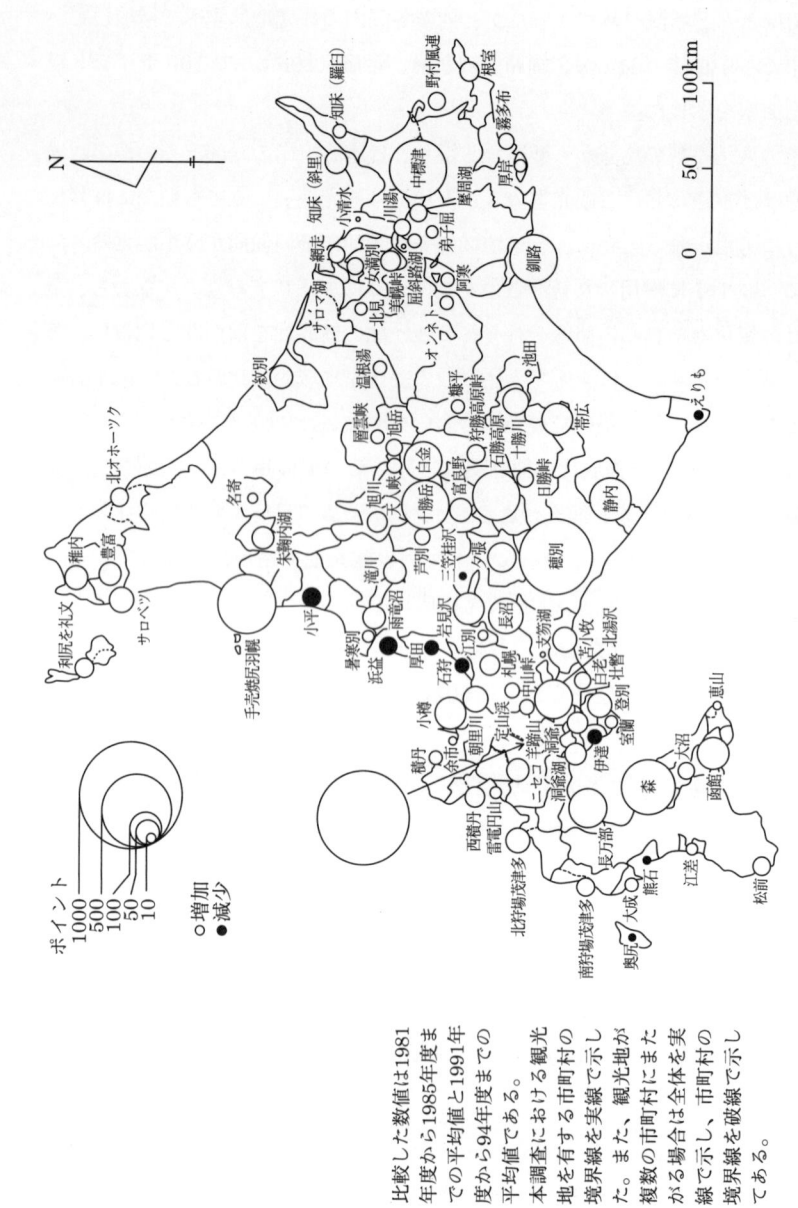

図 1-7 観光客入込み数の増減率

資料：北海道商工労働観光部観光室「観光客入込みに関する資料」

注 1) 比較した数値は1981年度から1985年度までの平均値と1991年度から94年度までの平均値である。
2) 本調査における観光地を有する市町村の境界線を実線で示した。また、観光地が複数の市町村にまたがる場合は全体を実線で示し、市町村の境界線を破線で示してある。

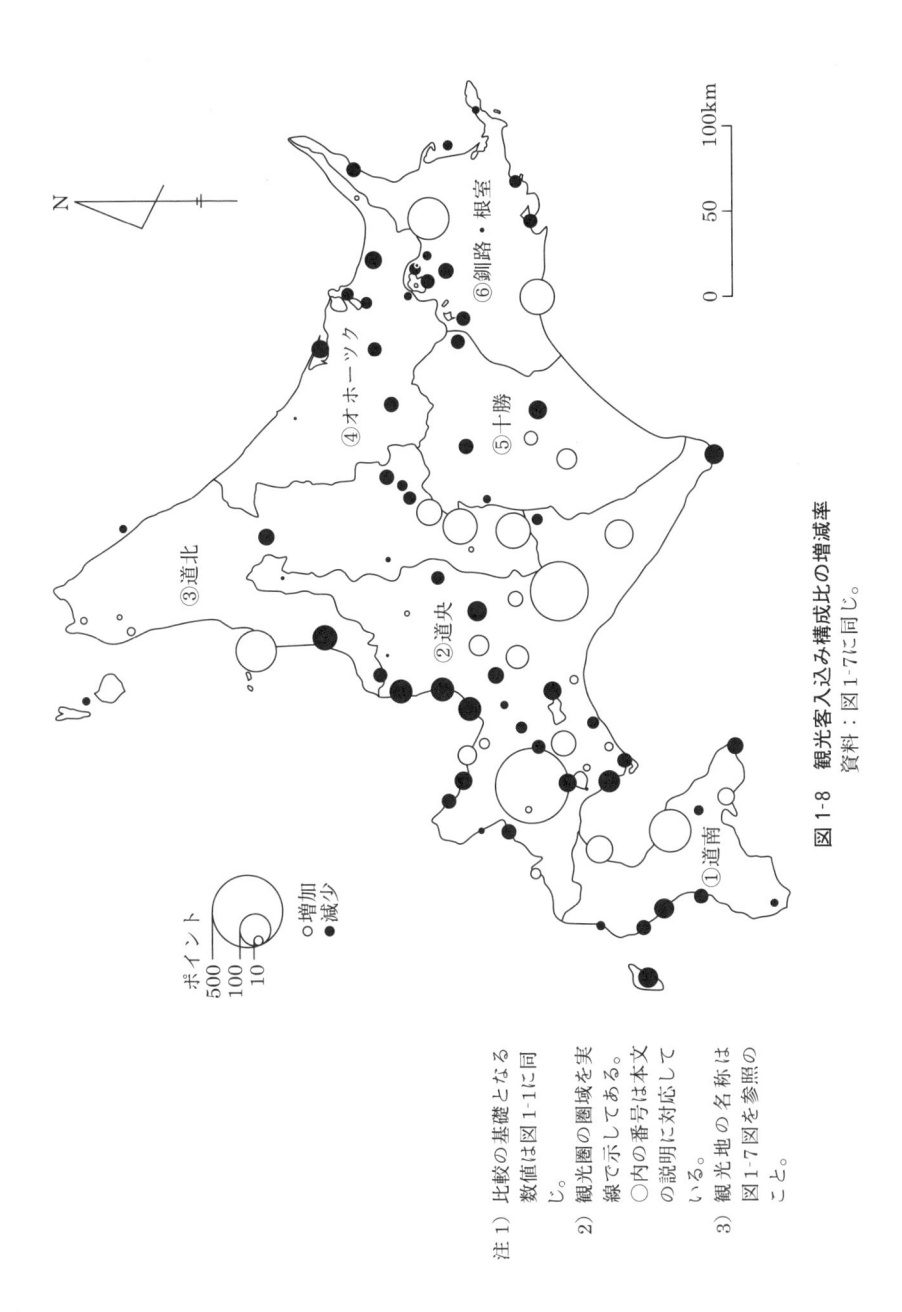

第1章　観光客の入込み数と流れ　37

図1-8　観光客入込み構成比の増減率
資料：図1-7に同じ。

注1) 比較の基礎となる数値は図1-1に同じ。
2) 観光圏の圏域を実線で示してある。○内の番号は本文の説明に対応している。
3) 観光地の名称は図1-7図を参照のこと。

も同様の傾向にある。次に日本海からオホーツク海にかけての道北圏では手売焼尻羽幌 (175.0)、サロベツ、稚内、豊富で拡大する一方、小平 (▲58.4)、暑寒別、北オホーツクで減少を示している。上記以外の道北圏では名寄 (▲23.6) も構成比を減じている。オホーツク圏では知床 (斜里) で若干割合を増しているが他の観光地ではすべて構成比を減じている。中でもサロマ湖 (▲32.4)、小清水 (▲30.6)、北見 (▲21.0)、温根湯 (▲19.5) で大きく減じている。十勝圏では帯広 (39.8) で大きく、十勝川 (18.1) でもかなりの構成比増加がみられる。その一方で池田 (▲30.2)、オンネトー (▲18.5)、糠平 (▲18.3)、狩勝高原峠では割合を減じている。釧路・根室圏では中標津 (180.2) と釧路 (114.3) で大きく構成比を増しているのに対して圏域内の他の観光地は弟子屈 (▲22.6)、厚岸 (▲21.0)、屈斜路湖 (▲19.2)、阿寒 (▲18.8)、知床 (羅臼) では大きく、残りの観光地もかなり構成比を減じている。

以上の構成比の増減からみた地域性をまとめると道央圏を中心に、隣接する観光地間の激しいシェア争いがうかがえること、また大都市・札幌という巨大な市場から時間・距離ともに隔たっている北東地域では観光にとって厳しい環境下にあることを視覚的に読み取れよう。また、多くの課題を抱えている観光客入込み統計ではあるが、図1-7と図1-8のコントラストの示すように、その数値の処理方法を工夫することによって問題状況を地域的に浮き彫りにするような利用も可能であると考えられる (小松原尚、1997b)。

第3節 国立公園域における利用客

(1) 観光ルートの中の釧路湿原

わが国にあっては、1974年以降、国立あるいは国定公園の指定をみた地域は、北海道、東北、九州・沖縄という、国土の縁辺地域にある。これまで幾度かの開発ブームの中で残された数少ない自然景観を観光資源とする地域と考えられる。1987年に、全国で28番目の国立公園として指定をみた釧路湿原もそうした国立公園の1つとして位置づけられる。こうした、釧路湿原国立公園の

指定やラムサール条約締約国釧路会議の開催などによる国内外への地名度の向上と湿原の観光資源としての評価が高まっている。

　1991年度から1995年度の平均値をみると、釧路湿原への観光客の入込み数は654,445人であり、1986年度から1990年度の平均値（292,673人）と比較すると2倍以上の増加を示している。この間の全道合計の変化は1986年度から1990年度の112,107,541人から1991年度から1995年度の129,192,931人であり、およそ1.15倍の変化にとどまっているから、釧路湿原地域の変化の大きさが際立っていることがわかる。中でも道外客の構成比が29.0％から39.8％へと10ポイント以上伸びている。この傾向は、釧路湿原国立公園の指定やラムサール条約締約国釧路会議の開催などによる国内外への地名度の向上と湿原の観光資源としての評価の高まりによるところが大きいと考えられる。観光客入込みの月別構成比に着目して季節的な偏りを検討した結果では釧路湿原地域は8月を挟んで7、9月に集中する夏季型の観光地である。同様の傾向は釧路湿原地域を含む道東の傾向と一致する。

　北海道にあっては、これまでも大自然を観光のセールスポイントの1つとしてきた。大都市圏から隔絶された道北からオホーツク、そして釧路・根室の地域は特にその傾向が強いと考えられる。これらの圏域には釧路湿原のほか阿寒、大雪山、知床の各国立公園が含まれ、わが国を代表する自然観光地域の1つであると考えられる。そして、釧路湿原もそうした観光ルートの一環としてとらえられる。

　この点を確認するために各旅行会社主催の団体旅行から釧路湿原を含む1日分のコースを選び、湿原内立ち寄り地点と前後の観光コースについてまとめたのが図1-9である。データは1995年10月13日から23日の間に東京、大阪、岡山の旅行代理店の店頭にて収集した、9社のパック旅行のパンフレットの集計結果に基づく。スキーパックおよび、全日程フリープランのものを除外し、合計97例の中で、釧路湿原地域への立ち寄りを旅程に含むもの15例を抽出した。これによると、釧路湿原地域における観光客の立ち寄り地点は釧路市湿原展望台が最も多い。その他では、北斗展望地、塘路湖カヌー体験、鶴見台、細岡展望台が挙げられる。

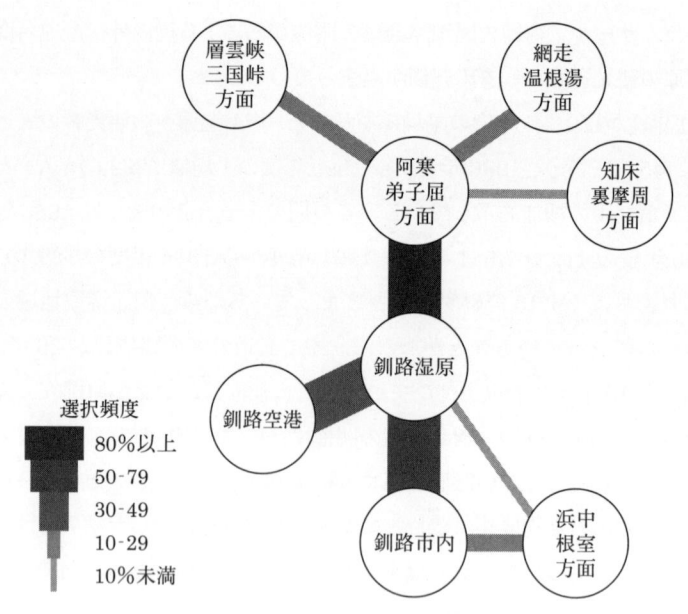

図 1-9 釧路湿原地域を行程に含む団体・パック旅行における1日観光圏

　釧路湿原地域を含む1日分のパック旅行における当該地域の位置は、阿寒（川湯）宿泊を軸とし、釧路市内観光を組み込んだルートの一環として釧路市湿原展望台があることが判る。また、釧路空港を道外からの到着地あるいは帰途における道外への出発地点とし、その前後の立ち寄り地点として釧路湿原地域を訪れるケースもあり、上記のルートの多くが上述のいずれかあるいは両方に整理できる。ただし、上記の2ルートを軸とし、加えていくつか特徴をみておく。まず、阿寒（川湯）宿泊を軸としたものではルートのつながりにおいて、網走方面、厚岸・根室方面、大雪山方面の3系統を確認できる。また、エコ・ツーリズム的なものでは湿原域でのカヌー体験ツアーを組み込んだものもある。
　以上から、釧路湿原域は、①道内発（着）地における最後（最初）の観光ポイントである。②阿寒地域を宿泊地とした場合の観光コースの立寄り観光地の1つである。③体験ツアーの素材を提供している、と考えられる。
　釧路湿原地域を旅程に含む団体・パック旅行の1日観光圏における当該地域

の位置は、図1-9にまとめたように、阿寒・弟子屈方面が80％以上と高い頻度を示している。したがってこの方面との連絡を軸とし、釧路市内観光を組み込んだルート（60％）の一環として釧路湿原があることがわかる。また、釧路空港を道外からの到着地あるいは帰途における道外への出発地点とし、その前後の立ち寄り地点として釧路湿原地域を訪れるケース（7割弱）もあり、湿原地域は上記3方面の観光ルート上の結節点であることがわかる。

さらに、阿寒・弟子屈方面と層雲峡・三国峠方面あるいは網走・温根湯方面との連絡もそれぞれ1割から2割台、また知床・裏摩周方面とのつながりもみられる。そして釧路湿原地域から直接かあるいは釧路市内を経由して浜中・根室方面と接続するコースが1割弱から2割程度ある。また、エコ・ツーリズム的なものでは湿原域でのカヌー体験ツアーを組み込んだものもある。

以上から、先に述べた釧路湿原域は、①道内発（着）地における最後（最初）の観光ポイント、②阿寒地域を宿泊地とした場合の観光コースの立ち寄り観光地、③体験ツアーの素材であることが確認できた。また、釧路湿原域と1日観光圏で繋がるコースとしては［1］釧路市内―阿寒―弟子屈、［2］網走方面、［3］厚岸・根室方面、［4］知床方面をあげられる。

（2）　園地観光拠点利用者の居住地

環境庁自然保護局東北海道地区国立公園・野生生物事務所では1994年度から1996年度まで3年間にわたって「釧路湿原国立公園の指定に伴う地域経済への影響調査」を実施した。その目的は、①釧路湿原はわが国最大の湿原であり、壮大な水平景観と貴重な野生生物が分布する生態系を有し、これらの保護や利用増進を図ることが必要である。しかしそれだけでなく、②「ワイズユース」や「エコ・ツーリズム」の言葉が示すように、優れた自然環境を保つためにも経済的な側面からのアプローチも求められるようになっている。そこで、③経済効果の定量的測定が必要となる。それに際しては、国立公園指定から年月の比較的浅い釧路湿原はケーススタディーの格好の素材ともなる。

そしてその一環として、「釧路湿原国立公園利用者アンケート」の結果に基づく流動構造の把握を試みている。調査対象地域は図1-10に示したように、

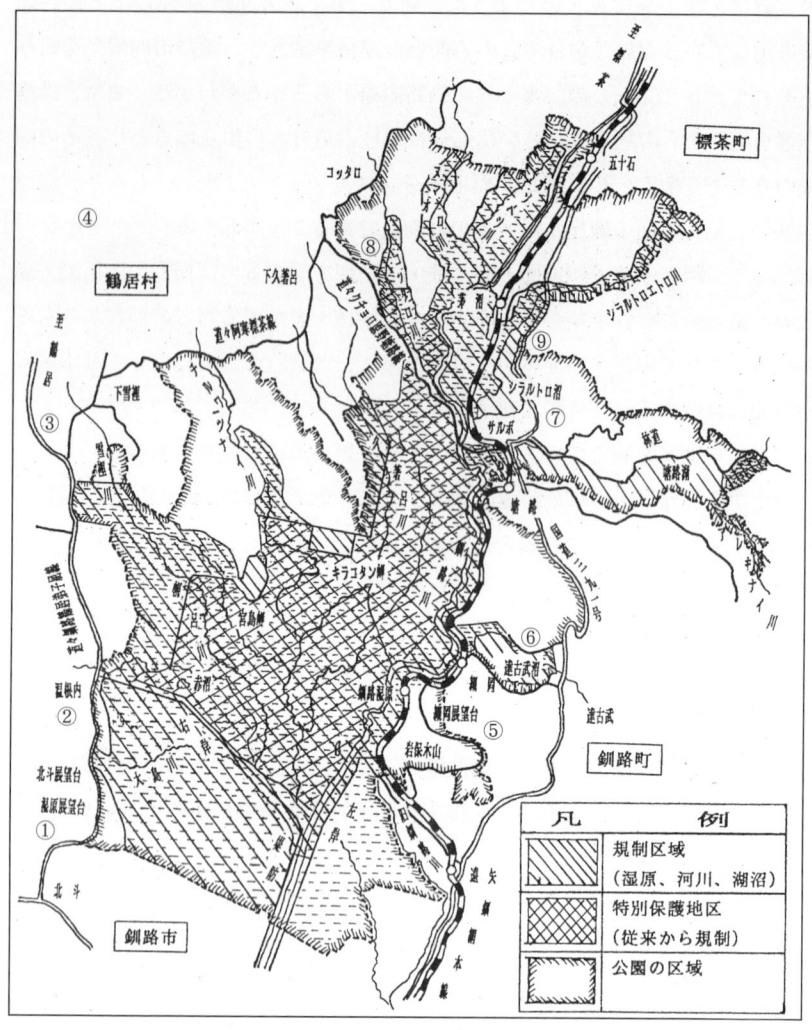

注）図中の○で囲んだ数字は観光拠点を示す。数字に対応する観光拠点名は以下の通り。
①釧路市湿原展望台　②温根内ビジターセンター　③鶴見台
④グリーンパークつるい　⑤細岡展望台　⑥達古武オートキャンプ場
⑦塘路湖・サルボ展望台　⑧コッタロ湿原　⑨憩の家かや沼

図 1-10　調査対象地域

資料：環境庁自然保護局釧路湿原国立公園管理事務所「管内概要」1993年、10頁、掲載の地図を使用しそれに加筆した。

釧路湿原国立公園をかかえる釧路市、釧路町、標茶町そして鶴居村の1市2町1村である。多数のサンプルを確保する意味から、観光客入込みのピークとなる7月〜9月に実施し、調査対象者は湿原内の主な観光地点の来訪者および4市町村内の宿泊施設の宿泊客である。調査方法は調査員が利用者から調査票にそって直接聞き取りを行う地点調査と、施設管理者の協力を得て客室内に調査票を置き、宿泊客に任意に記入してもらう留置調査の2方法を併用した。この調査において2,209票（地点調査905票、留置調査1,304票）の調査票を回収した。質問事項に従って集計結果の概要を示せば以下の通りとなる。

調査票から観光拠点に1か所以上立ち寄ったもので居住地と旅行形態のわかるもの2,087件について、件数を居住圏域別に示し旅行形態別の構成比を示したのが図1-11である。まず、利用件数は、①道内の400件余りに対して道外は1,600以上で4倍の開きがある（構成比では78.3%）。特に、②関東方面（全体の43.2%）900件台を最高に以下、近畿、中部の順となり、これら3者で全体の68.8%になる。いわば3大都市圏からの利用者が大宗を構成する。また、③道内客では道央からの利用客（17.4%）が多い。

旅行の形態別にみると、全体では、家族旅行（53.0%）や友人・知人とのグループ旅行（24.5%）が多い。一人旅（13.4%）も加えると80%を上回ることから、釧路湿原利用客の主流は個人旅行にあることがわかる。圏域別に構成比をみると、①全ての圏域で家族旅行が最も大きくなっている。中でも北海道、東北、関東、中部では50%以上になっている。次いで、②中国・四国・九州では友人・知人のグループ旅行と一人旅とが拮抗しているものの、グループ旅行、一人旅の順になっているのは全ての圏域に共通している。一方、③団体旅行は東北で1割を若干上回るが、他圏域はそれ以下である。

なお、アンケートでは、家族・グループや団体などの場合は複数の構成メンバーを代表して答えているので、「人」ではなく「件」を単位として使用する（以下、同様）。

次に、釧路湿原における利用者の流動構造を明らかにする。その一環として、調査票から観光拠点に1か所以上立ち寄ったもの2,104件について、実際の立ち寄り観光拠点の組み合せを229通り確認したが、観光拠点の組み合せの

44

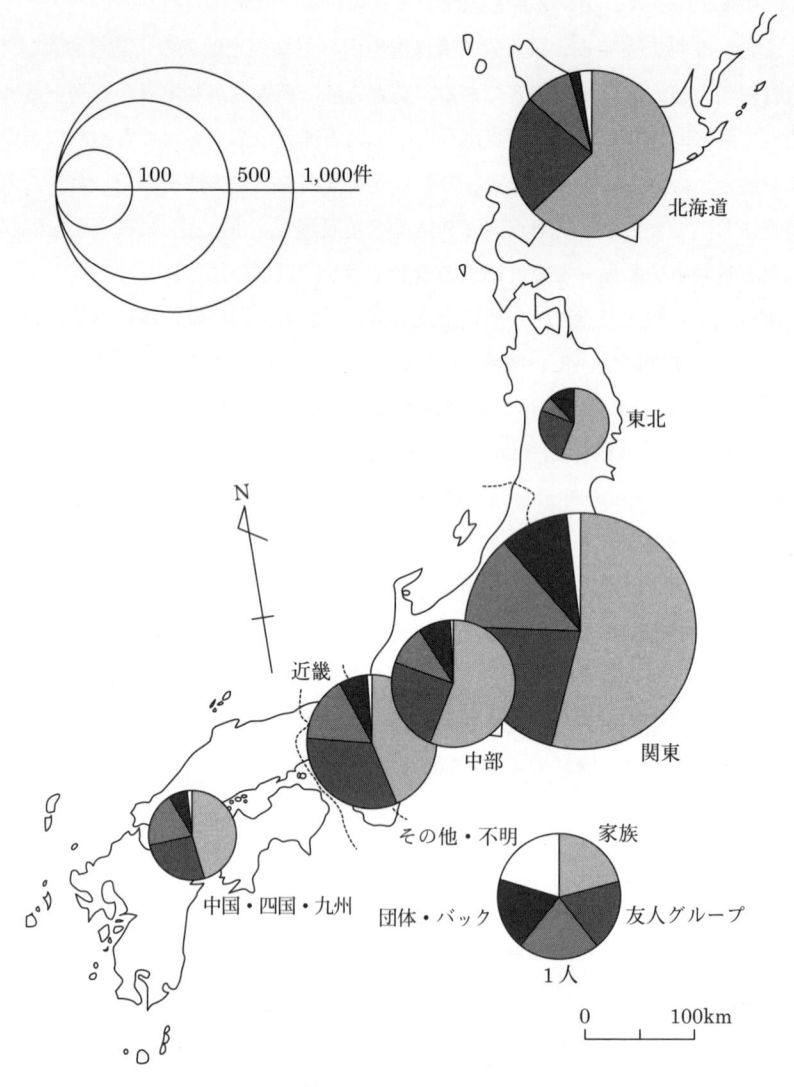

図 1-11 釧路湿原地域観光拠点利用者の居住地別件数と旅行形態
資料：環境庁自然保護局東北海道地区国立公園・野生生物事務所の実施した「釧路湿原国立公園利用アンケート」の集計結果により作成。

頻度の大きいものから順に並べてみると、その中から上位20位までの20通りの組み合わせを選択した件数は1,402件で全体の66.6％を占めることがわかった。

上位20例を各観光拠点の利用頻度と組み合わせを考慮しつつ整理したのが表1-5である。これによると18例までが釧路市湿原展望台と細岡展望台の両

表1-5 観光拠点立ち寄りパターン上位20位

| 地図対応番号 | | 1 | 5 | 7 | 8 | 3 | 9 | 4 | 2 | 6 | 通 |
立寄数	件数	釧	細	サ	コ	鶴	茅	G	温	達	番
4	43	◎	◎	◎	◎						1
3	30	◎	◎	◎							2
2	140	◎	◎								3
3	51	◎	◎		◎						4
3	34	◎	◎			◎					5
3	20	◎	◎							◎	6
2	25	◎		◎							7
2	27	◎			◎						8
2	68	◎				◎					9
2	61	◎						◎			10
2	22	◎							◎		11
1	467	◎									12
1	200		◎								13
2	64		◎	◎							14
3	32		◎	◎	◎						15
2	29		◎		◎						16
2	22		◎				◎				17
2	20		◎							◎	18
1	25			◎							19
1	22									◎	20

注）図中の次の文字は釧路湿原内観光拠点を表している。
　「釧」釧路市湿原展望台　　　「細」細岡展望台
　「サ」塘路湖・サルボ展望台　「コ」コッタロ湿原
　「鶴」鶴見台　　　　　　　　「茅」憩の家かや沼
　「G」グリーンパークつるい　「温」温根内ビジターセンター
　「達」達古武オートキャンプ場
資料：環境庁自然保護局東北海道地区国立公園・野生生物事務所の実施した
　　　「利用者アンケート」の集計結果による。

者あるいはそのいずれかを含んでいるもので、各6例ずつあることがわかる。さらに20例を立ち寄り地点数でみると、4か所が1通り、3か所が5通り、2か所が10通り、1か所が4通りとなっており、立ち寄り地点数の比較的少ない組み合わせが多い。中でも釧路市湿原展望台、細岡展望台の各1か所のみに立寄った利用形態がそれぞれ全体の22.2％、9.5％であり、合わせて3割以上の利用形態がこのいずれかになる。この上位2例に続く4例はいずれも2か所利用の形態であり、かつ上記2展望台の両方かあるいはそのいずれかと他の立ち寄り地点の組合せである。

上位20位までの組み合せに入っているものとは逆に21位以下は立ち寄り地点数の比較的多いものが占めており、いわば回遊型の利用のパターンになっていると言える。そこで上位20位までのグループをⅠ型、21位以下をⅡ型とし、アンケートの項目に従って、利用者層の特徴を比較し、以下のような特徴がわかった。

まず表1-6によって、①各観光拠点への立ち寄りの件数（複数回答）に占めるⅠ型とⅡ型の構成を比較してみると、釧路市湿原展望台と細岡展望台ではⅠ

表1-6 利用タイプ別観光拠点利用件数（複数回答）

	Ⅰ型 件数	Ⅰ Ⅱ型別構成比	立ち寄り延数構成比	Ⅱ型 件数	Ⅰ Ⅱ型別構成比	立ち寄り延数構成比	合計 件数	構成比
釧路市湿原展望台	988	67.0	42.3	486	33.0	18.0	1474	29.2
温根内ビジターセンター	22	9.2	0.9	218	90.8	8.1	240	4.8
鶴見台	102	27.5	4.4	269	72.5	9.9	371	7.3
グリーンパークつるい	61	21.9	2.6	217	78.1	8.0	278	5.5
細岡展望台	685	62.2	29.2	417	37.8	15.4	1102	21.8
達古武オートキャンプ場	62	32.1	2.6	131	67.9	4.8	193	3.8
塘路湖・サルボ展望台	219	39.7	9.3	332	60.3	12.3	551	10.9
コッタロ湿原	182	33.8	7.8	356	66.2	13.2	538	10.7
憩の家かや沼	22	7.3	0.9	279	92.7	10.3	301	6.0
合　　計	2343	46.4	100.0	2705	53.6	100.0	5048	100.0

資料：環境庁自然保護局東北海道地区国立公園・野生生物事務所「釧路湿原国立公園の指定に伴う地域経済への影響調査報告書」1997年。

型が6割以上を占めている。これに対し他の観光拠点は全てⅡ型が6割以上を占めている。特に、憩の家・かや沼と温根内ビジターセンターは9割以上をⅡ型が占めている。

　②利用者の居住地を表1-7で比較すると、Ⅰ型、Ⅱ型共「道外」の占める割合が極めて大きく、特にⅠ型の方がより大きくなっている。また、「道内」の中で地域内（釧路湿原をかかえる4市町村内）の利用者の絶対数はⅡ型の方がⅠ型よりも多くなっている。利用者のほとんどは宿泊客である。同じく表1-7で

表1-7　利用タイプ別にみた居住地と宿泊日数

件数	日帰り Ⅰ型	日帰り Ⅱ型	1泊～4泊 Ⅰ型	1泊～4泊 Ⅱ型	5泊以上 Ⅰ型	5泊以上 Ⅱ型	計 Ⅰ型	計 Ⅱ型	ⅠⅡ合計
釧路市	30	31	4	11	0	1	34	43	77
釧路町	0	1	1	2	0	0	1	3	4
標茶町	0	0	1	0	0	0	1	0	1
鶴居村	0	0	0	0	0	0	0	0	0
地域内計	30	32	6	13	0	1	36	46	82
道東	10	7	27	14	0	2	37	23	60
道央	14	2	113	76	13	7	140	85	225
道南	1	1	25	12	0	4	26	17	43
道北	2	0	13	7	0	1	15	8	23
道内地域外計	27	10	178	109	13	14	218	133	351
東北	3	0	27	11	22	14	52	25	77
関東	46	8	347	115	229	163	622	286	908
中部	9	4	101	31	62	42	172	77	249
近畿	22	6	101	35	85	52	208	93	301
中国・四国・九州	5	2	35	16	44	16	84	34	118
北海道外計	85	20	611	208	442	287	1138	515	1653
合計	142	62	795	330	455	302	1392	694	2086
ⅠⅡ合計	204		1125		757		2086		

注）①はⅠ型の各市町村、地域合計ごとの合計に対する構成比。
　　②はⅡ型の各市町村、地域合計ごとの合計に対する構成比。
　　③はⅠ型とⅡ型計の各市町村、地域合計それぞれの合計に対する構成比。
　　④は宿泊日数区分ごとのⅠⅡ型合計に対する構成比。
資料：表1-4に同じ。

泊数を「5泊以上」と「5泊未満」に分けて構成比に着目して比較してみると、「5泊以上」ではⅡ型の方がⅠ型よりもポイントが大きく、「5泊未満」ではⅠ型の方が大きくなっている。

ただし、③この泊数には地域外（釧路湿原をかかえる4市町村以外）での宿泊も含まれている。そこでアンケートにおいて地域内における宿泊費支出の記入のあるサンプルに限って抽出し、その結果を示したのが表1-8である。件数を比較してみると、Ⅰ型では釧路市への宿泊件数の集中傾向をみるのに対して、Ⅱ型では3町村へも分散しているのがわかる。さらに、3町村では件数でⅡ型の方がⅠ型を上回っている。

表1-8 利用タイプ別にみた居住地と釧路湿原地域内での宿泊

件数	釧路市 Ⅰ型	釧路市 Ⅱ型	釧路町 Ⅰ型	釧路町 Ⅱ型	標茶町 Ⅰ型	標茶町 Ⅱ型	鶴居村 Ⅰ型	鶴居村 Ⅱ型	計 Ⅰ型	計 Ⅱ型	ⅠⅡ合計
釧路市	0	0	2	4	0	4	0	3	2	11	13
釧路町	0	0	0	2	0	0	0	0	0	2	2
標茶町	0	0	1	0	0	0	0	0	1	0	1
鶴居村	0	0	0	0	0	0	0	0	0	0	0
地域内計	0	0	3	6	0	4	0	3	3	13	16
道東	8	3	2	0	0	0	0	5	10	8	18
道央	58	20	1	4	3	11	16	26	78	61	139
道南	13	6	0	2	0	1	1	0	14	9	23
道北	5	2	0	0	1	0	0	3	6	5	11
道内地域外計	84	31	3	6	4	12	17	34	108	83	191
東北	21	9	3	1	3	2	3	4	30	16	46
関東	227	67	15	25	19	64	30	49	291	205	496
中部	76	25	6	4	5	16	7	10	94	55	149
近畿	82	24	13	7	3	13	4	19	102	63	165
中国・四国・九州	35	10	5	2	0	8	1	4	41	24	65
北海道外計	441	135	42	39	30	103	45	86	558	363	921
合計	525	166	48	51	34	119	62	123	669	459	1128
ⅠⅡ合計	691		99		153		185		1128		

注）①②③④の意味は表1-5に同じ。

資料：表1-4に同じ。

④利用形態別ではⅠ型の占める割合が極めて大きいのは「団体旅行・パック旅行」で、90％以上がⅠ型である。他の旅行形態はおおむね6割から7割がⅠ型である（表1-9）。

図1-12は釧路湿原地域における観光拠点別利用件数（複数回答）を円グラフで示し、その中に釧路湿原地域内の4市町村（域内と略記す）、前記以外の北海道内（域外と略記す）そして北海道外（道外と略記す）の3居住地別の構成比を示してある。

まず観光拠点別に利用件数をみてみると、最も多かったのは釧路市湿原展望台でおよそ1,500件である。ここはアンケート回答者の70％近くが足を運んでいる。次いで細岡展望台が1,000件余りで続いており、おおむね半分の回答者が立ち寄っている。この他に、500件以上の利用のみられるのは塘路湖・サ

表1-9 利用タイプ別にみた居住地と旅行形態

件数	家族 Ⅰ型	家族 Ⅱ型	友人グループ Ⅰ型	友人グループ Ⅱ型	1人 Ⅰ型	1人 Ⅱ型	団体・パック Ⅰ型	団体・パック Ⅱ型	その他 Ⅰ型	その他 Ⅱ型	不明 Ⅰ型	不明 Ⅱ型	計 Ⅰ型	計 Ⅱ型	ⅠⅡ合計
釧路市	17	24	11	5	6	13	0	0	0	1	0	0	34	43	77
釧路町	1	3	0	0	0	0	0	0	0	0	0	0	1	3	4
標茶町	0	0	1	0	0	0	0	0	0	0	0	0	1	0	1
鶴居村	0	0	0	0	0	0	0	0	0	0	0	0	0	0	0
地域内計	18	27	12	5	6	13	0	0	0	1	0	0	36	46	82
道東	22	13	14	4	0	3	1	2	0	1	0	0	37	23	60
道央	85	61	38	18	12	1	2	0	3	5	0	0	140	85	225
道南	13	11	11	4	1	2	1	0	0	0	0	0	26	17	43
道北	10	7	5	0	0	1	0	0	0	0	0	0	15	8	23
道内地域外計	130	92	68	26	13	7	4	2	3	6	0	0	218	133	251
東北	28	15	14	6	3	3	7	1	0	0	0	0	52	25	77
関東	315	171	133	68	90	38	74	1	10	6	1	0	623	284	907
中部	102	36	39	24	16	11	13	4	2	1	0	1	172	77	249
近畿	91	45	67	27	29	21	18	0	3	2	0	0	208	95	303
中国・四国・九州	32	23	25	4	19	6	6	1	2	0	0	0	84	34	118
北海道外計	568	290	278	129	157	79	118	7	17	8	1	0	1139	515	1654
合計	716	409	358	160	176	99	122	9	20	15	1	2	1393	694	2087
ⅠⅡ合計	1125		518		275		131		35		3		2087		

注）①②③④の意味は表1-5に同じ。
資料：表1-4に同じ。

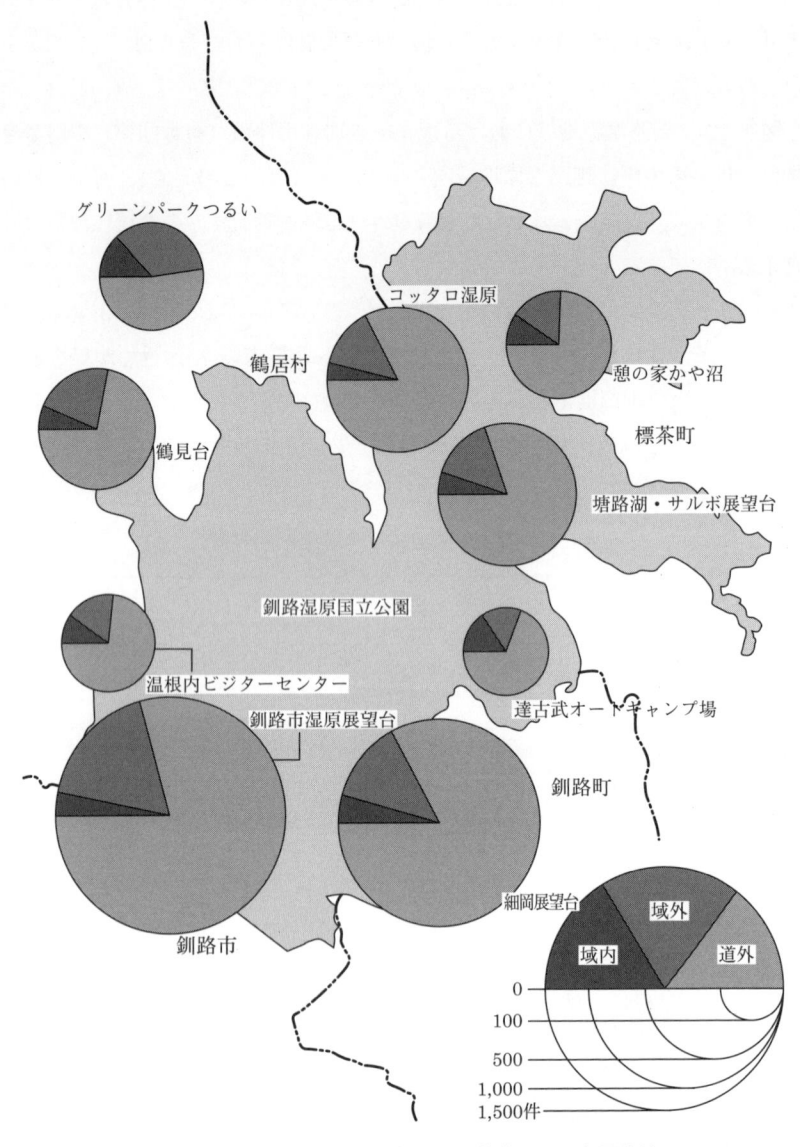

図 1-12 釧路湿原地域観光拠点利用件数と利用者居住地
資料：環境庁自然保護局東北海道地区国立公園・野生生物事務所の実施した
「釧路湿原国立公園利用アンケート」の集計結果により作成。

ルボ展望台とコッタロ湿原展望台である。展望台系の立ち寄り観光拠点に利用件数の多いのが特徴的である。

次に居住地別の動向をみると、①全ての観光拠点で道外の利用件数が最も多くなっている。中でも、②釧路市湿原展望台、細岡展望台、塘路湖・サルボ展望台、コッタロ湿原展望台では8割前後の割合になっている。先に述べた利用件数の多い地点と合致しており、これら展望台系の観光拠点は道外利用者の立ち寄り観光拠点になっていることがわかる。これに対し、③グリーンパークつるいでは「域内」と「域外」の利用件数を合わせると半数近くになり、道内客のウエイトが相対的に大きい宿泊・休憩施設であることがわかる。

(3) 居住地別にみた利用者の流れ

居住地別にみた利用者の流動パターンを図化するために、各観光拠点2地点を組み合わせた利用件数を求めた。それを各2地点間の移動件数とみなし、直近の観光拠点以外は最短のコースを選ぶと仮定し、コース上に他の観光拠点がある場合は各観光拠点間移動件数にも加えた。例えばA―B―Cの順番に観光拠点が並ぶ場合、A・Bの組み合わせが3件、B・Cの組み合わせが2件、A・Cの組み合わせが1件とすると、コースとしてのA―Cの移動件数はA―B間が4件、B―C間が3件ということになる。

この方法で域内について利用者流動パターンを示し、さらに観光拠点ごとにその地点1か所のみ立ち寄った件数を黒円で示した。図1-13[1]は地元住民である「域内」の利用者流動を示している。全体の件数は85件と少ないものの、立ち寄り観光拠点の釧路市湿原展望台や細岡展望台への1か所のみの立寄り件数も10件以下と少なく湿原地域を回遊するパターンになっている。アンケートの集計によると「域内」利用者の7割以上が日帰りであることから、「日帰りドライブ型」の利用形態であると考えられる。また、釧路市湿原展望台と温根内ビジターセンター間の移動件数が多いのは「域内」利用者にとって、両者が一体としてとらえられていると思われる。

次に地元以外の道内利用者である「域外」利用者の流動パターンについてみておこう（図1-13[2]）。利用者の流れは釧路市湿原展望台から北へ伸びる主

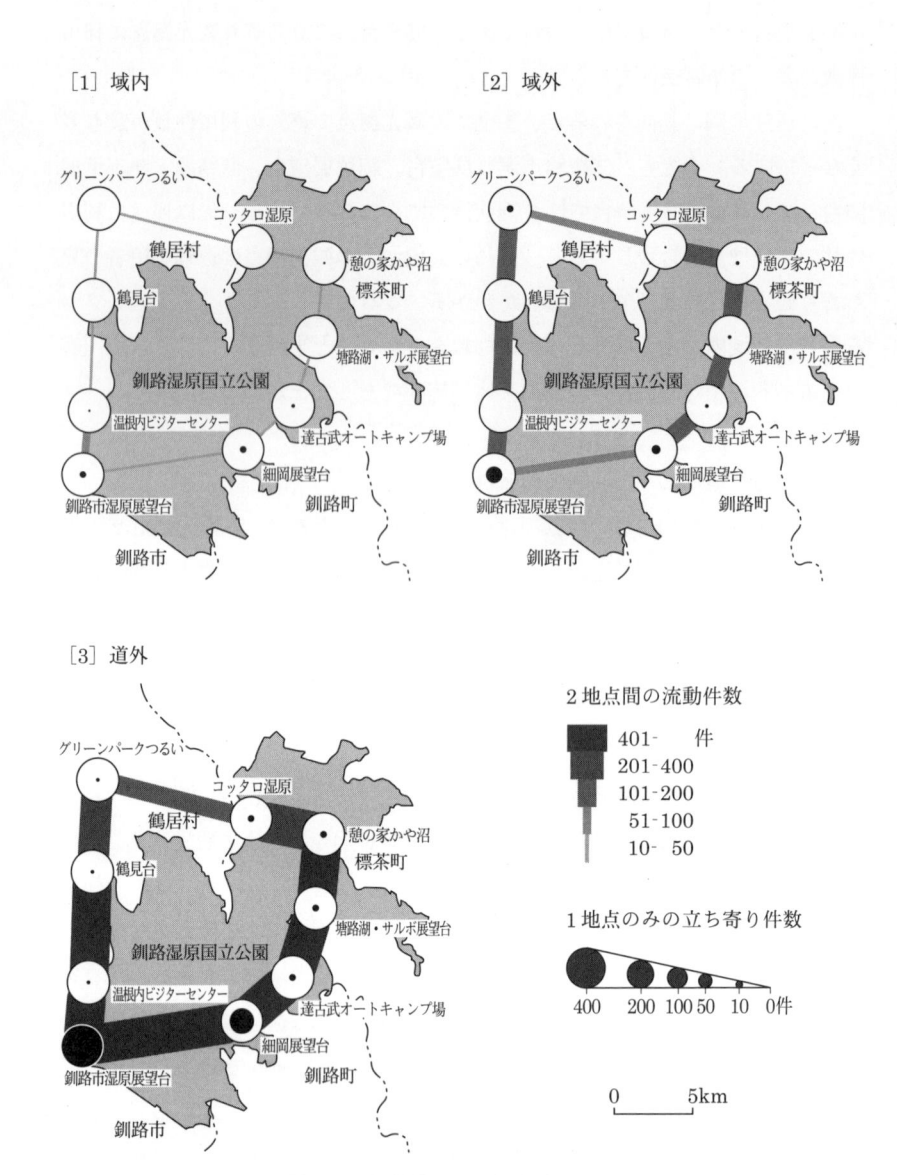

図 1-13 居住地別利用者流動パターン
資料：環境庁自然保護局東北海道地区国立公園・野生生物事務所が実施した
「釧路湿原国立公園利用アンケート」より集計した。

要道道53号線に沿ったルートと細岡展望台から北へ伸びる国道391号線に沿ったルートの2系統に分かれる。1地点立ち寄り件数ではルートの終点（起点）にあたる釧路市湿原展望台が50件を上回り、ついで細岡展望台、グリーンパークつるいの順になっている。特に国民年金保養施設のグリーンパークつるいの件数が相対的に多いのがこのパターンの特徴の1つである。

　最後に道外からの利用数1,729件の内、釧路市湿原展望台1か所のみの利用が400件近く、また、細岡展望台1か所のみの利用も170件ある。従っておよそ3分の1が両展望台いずれか1か所のみの立ち寄り観光客であると考えられる。残りの3分の2は湿原域内を移動しており、主なコースは鶴見台から釧路市湿原展望台と細岡展望台を経由して標茶町の観光拠点を訪れるパターンである（図1-13［3］）。

第2章

インフラストラクチャーの整備と観光

第1節　高速・大量輸送手段の普及と観光

(1) 交通変革と地域の変容

「グランドデザイン」にあっても交通網の整備によって主要都市間の時間距離短縮を実現し、「全国1日交通圏」や「地域半日交通圏」のような交通体系の計画を示している（国土庁計画・調整局、1998）。加藤和暢・山崎朗（1997）の中で両氏はそれぞれ北海道と九州というわが国の縁辺地域にあって主要都市を結ぶ高速交通網形成の進展状況を紹介されている。その中で、加藤も指摘するように、中心都市との連絡が飛躍的に改善をみる結果、中心都市との時間距離克服に困難な地域との格差がかえって拡大するという懸念も生じる。

高速道路網の整備に伴う、東海道メガロポリスからはずれた地方圏における変化の計量的分析がいくつかみられる。たとえば、田中耕市（1998）は東北地方を事例に、都市間輸送における高速道路の意義、またその影響が旅客と貨物では異なることを明らかにした。また、藤目節夫（1999）は、4半世紀の間における時間空間と費用空間の縮小を検証し、高速交通体系の整備による移動費用の節約が可能になったことを中四国地方を素材に例証した。神頭広好ら（1998）は長野県を対象として高速道路を利用する県外からの観光客のもたらす消費額によって、2倍の生産誘発効果をもたらすと結論づけている。

以上のような研究手法とは異なった業績として、小松原（1997a）は観光統計の利用に工夫をしつつ、北海道を事例にモータリゼーションの進展と観光地の特徴をふまえた辺陬部観光地のルート化の必要性を指摘した。また、槙拓男

（2000）は島根県松江市を対象にマイカーの普及によって公共バス経営が圧迫され、高齢者の足の確保に困難を生じている問題点を提起している。

奥野一生（1999）は航空機による旅客数を東京発着路線を中心として分析し、旅客の東京への集中が顕著であることや、新幹線との競合区間ではその影響も詳細に確認している。山本耕三（1996）は、北部九州における2つの異なった空港建設計画の衝突を例に地方空港の建設にかかわる問題点を指摘している。また、堤研二（1998）は離島の空港が日常的な生活と直結した輸送手段であることをふまえ、その改良を地域発展に結びつけるための課題を提起している。そして、杉田由紀子・溝尾良隆（1998）は、沖縄観光を支えた要因の1つである航空機にする旅客に着目し、観光地の発展にとって運賃政策、路線展開、販売促進活動の影響について考察を加えている。航空機による高速・大量輸送が可能になることによって海外の類似観光地との競争が一段と激化する点も具体的に示されている。

サービス経済の進展に伴い、交通や観光の国民経済に果たす役割は一段と重要になっている。そのような状況を反映して、当該分野に関する人文地理学的研究成果も多数みられる。

まず、都市と交通・観光に関しては鉄道の都市形成に果たした役割に関する一連の歴史分析の研究を三木理史（2003）に結実している。その系論として松田敦志（2003）がある。現状分析としては、三橋浩志（2003）がある。また、輸送手段の変化にともなう港湾の再開発と都市整備との関連を追究した、奥平理（2003）がある。

次に、地域間ネットワーク分析についてみておこう。時間距離の短縮が地域の形成に及ぼした点を研究したものの中で、歴史分析としては、葛西大和（2003）があり、現状分析には阿部史郎（2003）の中で、高速道網の整備に伴う工場立地の変化を分析し、横山昭市（2003）には上越新幹線の開通後の新潟・群馬の県境地帯の温泉地の変貌がまとめられている。交通サービスの拡大の地域差にも関心が払われている。「地理」48巻2号（2003）では「特集／バス交通とくらし」を組み、鈴木文彦、大島登志彦、中牧崇、遠藤広正が興味深い論点を提起している。また、奥野一生（2003）、本宮卓（2003）はそれぞれ、

離島地域の発展と交通との関連について論じたものがある。さらに、溝尾良隆(2003) では観光地の発展にとって市場との交通アクセスが重要な意味を持つとの指摘がなされている。

(2) 航空機利用の普及と修学旅行

ジャンボジェットが世界で初めて就航したのは1970年1月12日のことであった。336人の乗客を乗せて、ニューヨークのJ. F. K空港からロンドンに向けて飛び立った。それから2年後、わが国で初めてジャンボジェットの就航をみたのは東京-沖縄線であった。以後、沖縄にあっては航空機輸送の高速化、大量化の恩恵を享受しつつ観光客の入込み数を拡大していった。

1988年、文部省による修学旅行への航空機利用制限の緩和の見解が示されたこととともに、修学旅行は低単価・薄利ではあるが、地元沖縄県当局は「将来有望なリピータ」として修学旅行生を位置付け1989年に受入団体協議会を発足させ積極的な対応を示していることにもよる。中でも高校生の占める割合は修学旅行入込み数合計の7割前後を常に占めている。

リゾート産業は装置産業であると言われる。それは、施設設備投資に膨大な資本を必要とするからである。したがって、いかにして速やかに投下資本を回収するかが1つのポイントとなる。そのためには繁忙期と閑散期の波の振幅を狭め、施設の稼働率を平準化していくことが必要であり、その試みの1つとして修学旅行の誘致がある。

修学旅行生の沖縄への入込み状況を見てみると、1980年代に入り、年間入込み数は2万550人となり、2万人台を突破した。そして1990年には8万5293人と8万人台を大きく上回っており、この間の伸びは1981年に比べて、1990年は4.2倍となっている。また、入込み客全体に占める割合も1981年の1.1%から1990年の2.9%へと比重を拡大している(沖縄県「観光要覧」平成2年版)。

次に修学旅行からみた地域の受け入れ態勢の課題について述べておきたい(小松原尚、1991)。まず、業者間の格差の問題である。例えば観光バスガイドのコースや地域に関する理解度に会社間格差がみられる。1988年と1989年とは諸般の事情でそれぞれ別のバス会社を利用することになったある高校からの聞

き取りによると、両者を比較して、1988年には「日本一」の形容がみられるのに対し、1989年には「案内はやや不徹底」とのことであった。このことはバスガイド個人の問題ではなく、各社の社員教育に対する認識の差であろう。

　第2に一般リゾート客との競合の問題である。もともと修学旅行生の受入れは入込み数の平準化対策の一環であった。しかし、現実には学校行事などの都合で、修学旅行生の入込みは10、11、12月に集中（1990年で修学旅行生全体の56.9％）し、入込み客全体でみると8月、3月に次いで第3のピークを形成した。この傾向は修学旅行入込みの急増をみた1987年ごろから顕著になっており、労働力需給逼迫の新たな原因ともなりかねない。さらに、学校現場にあっては一般入込み客との競合の結果、宿泊施設の確保が困難となり、引率生徒の掌握に困難をきたす恐れのある宿泊施設の利用を余儀なくされるという問題も生じた。

　1980年代後半、リゾートブーム、リゾートフィーバーという言葉が巷を賑わしていた。このブームやフィーバーの直接的なきっかけは、1987年6月に総合保養地域整備法（いわゆるリゾート法）の施行を受けて、各都道府県がこぞって基本計画を政府に提出したことに始まる。第3次全国総合開発計画で打ち出された定住圏構想による人口産業の地方分散・定住化は一向に進まず、都市の過密と農村の過疎の格差拡大は極大化する傾向にある。この国土利用のアンバランスを受けて、第4次全国総合開発計画では、農産物自由化などによる農業の先行きの不透明さから第1次産業に展望を見いだせない農山村地域や重厚長大産業の不振から構造不況に喘ぐかつての企業城下町の振興と都市への人口および諸機能集中による酸欠状態と生活環境劣化の解消を政策目標に、こうした産業不振地域に対するリゾート開発による地域活性化が最後の生き残り策として打ち出された。

　第1次産業不振地域や構造不況地域の起死回生策としてのこのリゾート開発は投資額が巨額に上るゆえ、都市の欲求と農村の欲求とそれに金余り現象が加わり、金融資本の市場開拓要求が接着剤となって日本列島全体を覆い尽くして行った。そもそもリゾート地は特権階級の俗事を離れた社交の場であり、一般民衆がより上位の階級を体験する非日常性を追求する場でもあった。国民総リ

ゾートへ進んで行った当時、リゾート地での日常への埋没の中に非日常性を求める人間性の回復の場としてリゾート地域は位置付けられていた。

しかしわが国の場合はいわば国土利用のアンバランス調整のための変化球として成立をみたため、リゾート法は東京一極集中状態の人口とマネーとを瞬間的に大量に流す用水路の役割を果たした。しかもこの用水路の末端は受け皿が施設面でも、また人的資源の面でもまだ未確立である。さらに、地方公共団体から出されたリゾート整備計画はリゾート開発の三種の神器であるリゾートホテル（マンション）、ゴルフ場、マリーナ（寒冷地ではスキー場）を備えた、どの地域も似たり寄ったりの「金太郎飴」的な「日本型リゾート」が各地に誕生したのである（佐藤誠、1990）。

沖縄県においても「沖縄トロピカルリゾート構想」として全県を対象地域に、離島振興をも兼ねたリゾート開発が進められている。同時に、土地買い占めによる地価高騰、リゾート施設建設など乱開発による貴重な観光資源の破壊と巨大施設の運営に伴う労働力供給の逼迫などの問題も顕在化している（「リゾートと地域経済—1989年度九州経済白書」九州経済調査協会）。

前節で述べた問題点は修学旅行生の受入れを否定するものではなく、むしろ「将来の有望なリピーター」に対する先行投資として積極的に克服されるべきものである。何故ならこのことがポストフィーバーのリゾート地生き残り策のキーポイントの1つになると考えられるからである。

これまで、高度に産業の集積・集中した「都会」と産業の衰退や不振にあえぐ「地方」の格差解消には「都会」から「地方」への成長産業の誘導か「地方」の自助努力による地域振興が論じられてきた。しかし、ボーダレス化に象徴されるようなマクロ的経済環境の変化の中にあって、二元論的な地域構造の把握や地域完結的な考え方では対応困難になりつつあると考えられる。むしろ、「都会」と「地方」相互の人的・物的な交流・循環量の拡大が「活性化」につながっていくのであり、そのための多様な戦略が必要となろう。

いわゆるリゾートとは「ある期間、日常生活圏を離れて、自然資源に恵まれた地域に保養を目的として滞在する自由な人間のために、多様で選択性に富む余暇活動が行われるような諸施設が、計画的に完備された、地域的広がりを

持った空間」である。ただ、ここでいう「自然資源」とは開発から保護され前人未到のままで子孫に受け継がれる自然だけを意味するものではなく、それらに地域の歴史、文化を加えた総体としてとらえたい。

　ストレスの多い「都会」では人間はその反作用として自然回帰指向が強まる。一方、地方圏ではこの現象を交流人口の拡大に利用しようとする。そして、この両者を結ぶ役割を果たすのが「自然資源」だと考えられる。一過性の観光とは異なり、リゾートは本来教育的側面を備えているはずである。自治体がヴィジョンを持ち、リピーターの育成にイニシアテブを発揮するならば持続的な「活性化」につながって行く可能性は十分ある。これまでの修学旅行に関する多様な実践事例の調査研究を実施し、「自然資源」を利用した多様な体験学習のメニューを開発し、その中から自由に活動を選択でき、日常とは異なった生活を経験できるなら、「自然資源」を媒介とした地域社会との交流による「地方」の魅力がアピールできるし、その結果、「将来のリピーター」へと発展していくことも可能であろう。

（3）　オートツーリズムの進展と地域

　国土交通省自動車交通局の調査によると、わが国の自動車保有台数は2004年現在で7566万台、1世帯当たりでは1.10台である。こうしたマイカーの目覚ましい普及は、スポーツやレクリエーション活動にあっても飛躍的に行動範囲の拡大をみた。「1時間走れば、そこに自然があった。案外、簡単だった」という自家用車のカタログのキャッチコピーに象徴されているように、自宅から車で片道1時間から2時間程度の手軽なレクリエーションスポットが都会からの利用客で賑わっている。

　北海道にあって公共交通は、札幌を中心としたネットワークを別にすれば道内のそれは断続的である。したがって上述したマイカーのもつ意味はより一層重要となってくる。旅行商品にも、マイカー・レンタカーの利用を前提とした観光形態が広範に普及しており、道央圏を中心に高速道路の整備の進捗や地方航空路開設の進展をも考えあわせると、高速交通体系の整備とモータリゼーションは北海道の観光地図を大きく塗り替える可能性をもっている。

表2-1は釧路湿原国立公園利用者の旅行形態と利用交通手段の相関を居住地域別に示したものである。これによるといずれの組み合わせにおいても道外客の数が最も多くなっている。特に家族旅行形態以外のものはこの傾向が強い。利用交通手段では自家用車・バイクのみの利用が家族旅行や友人・知人のグループ旅行形態を中心に多い。

まず家族旅行形態では道外からの自家用車・バイクのみの利用件数が最も多く、ついでレンタカーのみの利用、以上が300件以上で次いで道内域外の自家用車・バイクのみの利用件数が200件台となっている。知人・友人のグループ

表2-1 旅行形態と利用交通手段

旅行形態	居住地	自家用車バイクのみ	レンタカーのみ	貸切バスのみ	JRのみか併用	合 計
家族旅行	道内域内	42	0	0	4	48
	道内域外	204	5	2	4	225
	道外	394	324	13	95	864
	計	641	329	15	108	1137
知人友人のグループ	道内域内	13	0	0	2	17
	道内域外	77	2	0	2	90
	道外	175	119	6	71	408
	計	265	122	6	75	517
一 人 旅	道内域内	11	3	0	5	20
	道内域外	11	0	0	4	22
	道外	95	19	4	84	237
	計	117	23	4	99	279
団体旅行パック旅行	道内域内	0	0	0	0	0
	道内域外	0	0	4	0	5
	道外	2	3	96	9	127
	計	2	9	100	9	133
合 計	道内域内	67	4	0	11	87
	道内域外	229	7	7	11	354
	道外	672	486	122	261	1663
	計	1041	499	129	294	2104

注）それぞれの「計」「合計」には「その他」の数値も含まれる。
資料：環境庁自然保護局東北海道地区国立公園・野生生物事務所が実施した「釧路湿原国立公園利用アンケート」より集計した。

旅行にあっても件数は100件台と若干少なくなるものの、家族旅行形態同様の傾向がみられる。

一人旅形態では自家用車・バイクの利用件数が最も多いのは前2者と同じであるが、JR鉄道利用を組合せた形態が続いているのが特徴的である。また、団体・パック旅行では貸切バスのみの利用が極めて多い。

次に利用件数の多い道外居住利用者に絞って、その旅行形態別利用交通機関についてそれぞれの構成比をみておこう（図2-1）。まず、家族旅行とグ

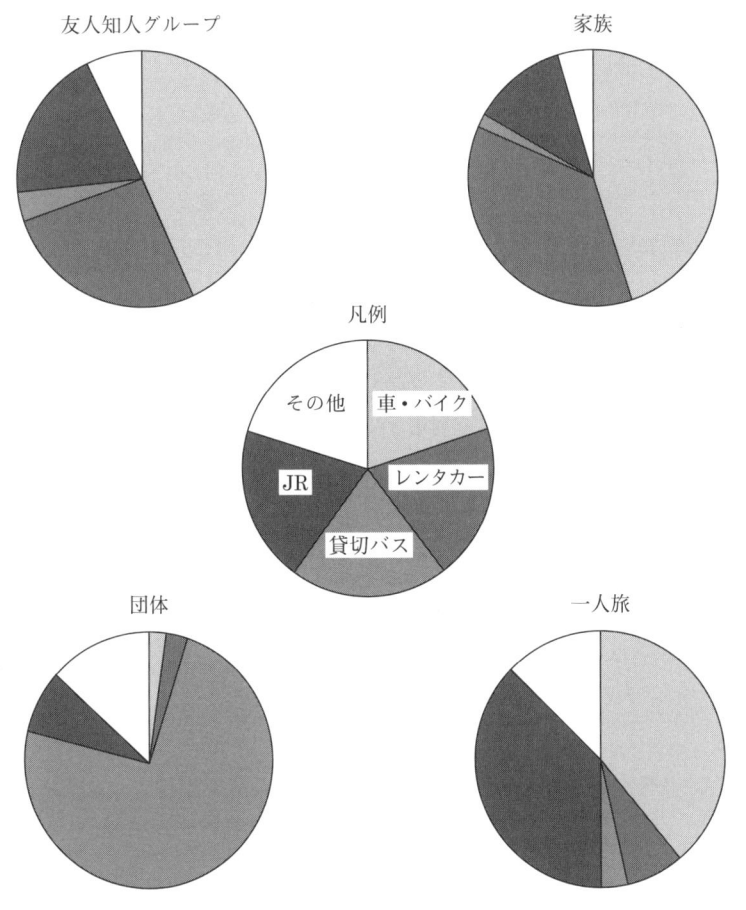

図2-1　道外居住利用者の旅行形態別利用交通手段

ループ旅行は利用交通機関でみると自家用車・バイクのみ利用の占める割合がほぼ同じ構成比になっている。両者の相違点はレンタカーのみ利用の割合が家族旅行の方がグループ旅行よりも大きくなっている。これに対してJRの利用はグループ旅行の方が多くなっている。一人旅では自家用車・バイクの利用とJRの利用とが相拮抗している。また、団体では貸切バスの割合が4分の3を占めている。

そこで道外居住者の旅行形態と利用交通機関の違いによる流動パターンの差異を上述の方法で示してみた。サンプルとして取りあげたのは、①家族旅行の自家用車・バイク利用（図2-2[1]）、②一人旅のJR利用（図2-2[2]）、そして、③団体の貸切バス利用（図2-2[3]）である。

まず①は先に示した道外からの利用パターンとほぼ一致している。このことは湿原地域の流動パターンの主流を形成しているのが、この自家用車・バイクを利用した家族旅行であるということをパターンの観点からも示している。釧路市湿原展望台（70件）、細岡展望台（26件）の両立ち寄り観光拠点いずれか1か所のみの件数が4分の1弱になっている。次に②はJRや路線バスといった公共交通機関の制約を受けた流動パターンになっている。最後に③は「流動」パターンは存在しないと考えられる。70％以上が釧路市湿原展望台1か所のみを立ち寄り観光地点として利用しているにすぎない。

第1章第3節で検討した釧路湿原国立公園内の観光拠点利用の組み合わせの頻度の大小を踏まえて、その利用者の交通手段との関係をみると、表2-2に示したように、自家用車・自動二輪車、レンタカーという自動車の利用が圧倒的であることは共通している。この自動車利用の中で、「自家用車・バイク」と「レンタカー」を比較してみると、Ⅰ型ではレンタカーの相対的なウエイトがⅡ型に比べて大きいのに対して、Ⅱ型では「自家用車・バイク」のウエイトが6割近くになっており、相当大きいことがわかる。

また、Ⅰ型への「団体旅行・パック旅行」の集中とも関連すると考えられるが、Ⅰ型にあって「貸切バス」利用がⅡ型に比べて極めて大きいことも特徴である。

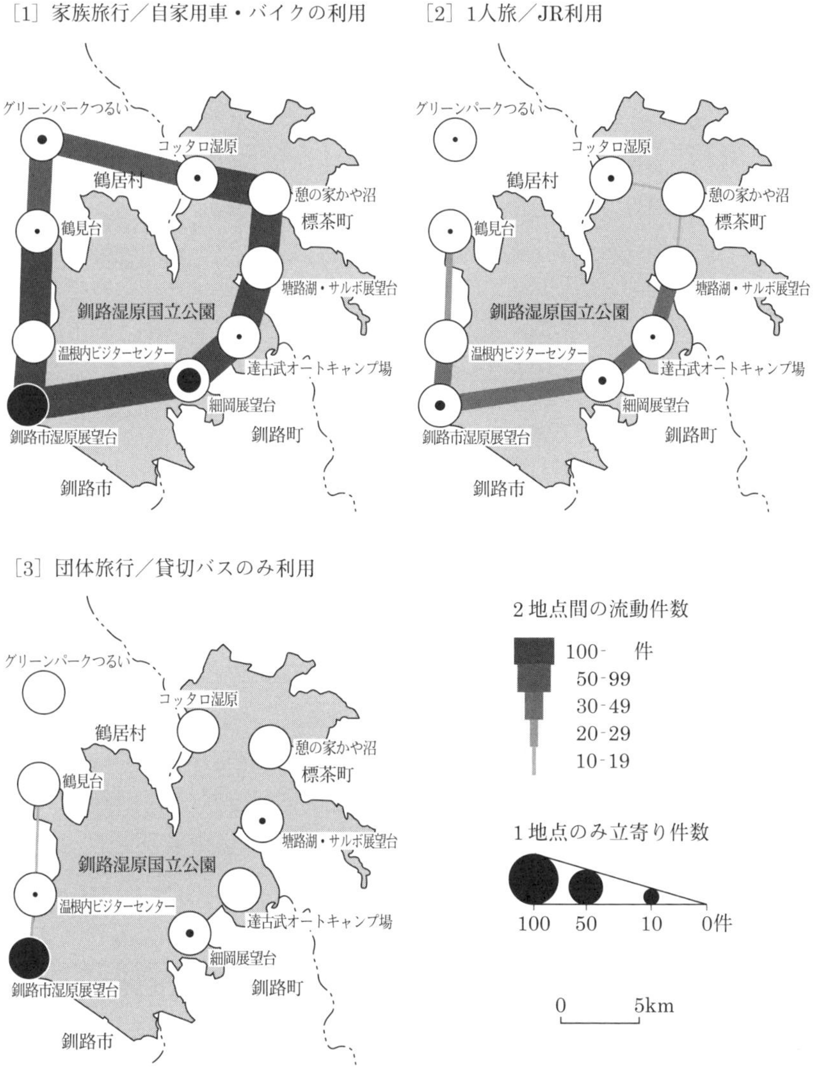

第 2 章　インフラストラクチャーの整備と観光　*63*

[1] 家族旅行／自家用車・バイクの利用

[2] 1 人旅／JR 利用

[3] 団体旅行／貸切バスのみ利用

2 地点間の流動件数
100- 件
50-99
30-49
20-29
10-19

1 地点のみ立寄り件数
100　50　10　0 件

0　5km

図 2-2　道外居住者の旅行形態・利用交通手段別流動パターン
資料：環境庁自然保護局東北海道地区国立公園・野生生物事務所が実施した
　　「釧路湿原国立公園利用アンケート」より集計した。

表 2-2 利用タイプ別利用交通手段（複数回答）

	I 型			II 型			合 計	
	件数	I II 型別構成比	利用延数構成比	件数	I II 型別構成比	利用延数構成比	件数	構成比
自家用車・バイク	613	57.9	39.1	445	42.1	57.1	1058	45.0
レンタカー	395	72.5	25.2	150	27.5	19.2	545	23.0
貸切バス	143	88.8	9.1	18	11.2	2.3	161	6.9
路線バス	90	72.0	5.7	35	28.0	4.5	125	5.3
JR	207	70.4	13.2	87	29.6	11.2	294	12.5
タクシー	76	76.0	4.8	24	24.0	3.1	100	4.3
その他	45	68.7	2.9	21	31.8	2.7	66	2.8
合　計	1569	66.8	100	780	33.2	100	2349	100.0

資料：表1-1に同じ。

第2節　観光・レクリエーション地としての河川・港湾

（1）　河川流域のレクリエーション的利用

　わが国にあっては、大陸の大河川に比べて流域面積に対する平野の割合が大きいという自然条件を有している。しかも平野は大小を別にすれば全国に分布している。例えば、杉谷・平井・松本（1993、p.72）によれば「日本の国土に占める平野の面積は約25％で、そのうちの約6割、国土全体の14％……を（低地）が占めるというのは、世界的にみれば非常に高率である。……流域面積2,863km^{2}の筑後川がつくる三角州の面積は約480km^{2}もあるのに比べ、流域面積23,654km^{2}の洛東江がつくる三角州の面積は約150km^{2}しかない」ということからもわかる。こうした自然条件から、歴史的にも河川下流部の沖積平野は物資の集散地となり、都市が形成されてきた。

　これまでのわが国の地域開発の中心は沿岸域であった。戦後の高度経済成長期にあっては海面干拓による農地の造成や海面埋立による工業用地造成が活発に行われた。そして構造調整期になると、装置産業の業態転換にともなう用地の縮小と未利用造成地の拡大、海運システムの変化にともなう港湾地域の荒

廃が進んだ。この結果生じた遊休地の再開発が太平洋ベルト地帯、中でも京浜・京葉や阪神、北九州といった旧来からの工業地帯を中心にウォーターフロント開発として進められた。

　先に述べたような河川と都市とのかかわりは、海岸線と河川流域との境界である沖積平野のみならず内陸部にとっても重要である。なぜならば、この間に内陸部へは、軽薄短小型産業の立地や丘陵地帯でのニュータウン造成の進行をみ、生活用水や工業用水の需要の増加で、水資源としての陸水（河川・湖沼の水）への関心も高まったからである。

　さらに、余暇時間の増加と安近短の観光需要に伴い、身近なレクリエーション地が求められている。河川流域、すなわち流路、河川敷、堤防、後背湿地を含む地域は都市にあっては身近な憩いの空間を提供する場でもある。河川や湖沼など内水面が上水供給というライフラインの1つを構成しているのみならず、生活に潤いをもたせる貴重なレクリエーションの場をも提供している。

　本州の中央部には西から奈良県をはじめとして海岸線をもたない内陸県が存在する。本州のみならず市町村レベルまで拡げると、海岸線をもたない内陸の地域は日本列島に極めて多い。わが国の国土面積の2割を占める北海道にあっても、札幌市を含めて、海岸線をもたない市町村数は120市町村で、全道212市町村の55.3％にあたり、人口比では65.3％にあたる。

　本節では北海道をとりあげて、表記テーマへの接近を試みるが、その理由は単に上記の点だけにとどまらない。戦後北海道にあっては開発のための独自の政府機関が設置され、過大とも思われるような積極的な財政支出による公共投資が行われてきた。ダム建設や河川改修もこうした公共工事の一環として行われてきた。こうした投資によって産業基盤を整備し、その発展によって税収の増加などにより資本回収を企図したものである。しかし、そうした見通しとは裏腹に農業も製造業も大きな伸長をみず、このまま巨額の未収金を生みだすことになりかねないのである。

　しかも限られた範囲だけでの利用からの収益による資本回収は困難であり、財政難に悩む当該自治体を一段と圧迫する要因にもなる。この悪循環を断ち切るためにも、クローズアップされたのが都市からのレクリエーション需要を取

込み河川流域の利用を広げようとする試みなのである。

　この脈絡の中でも北海道は典型事例の1つと考えられる。以上のような状況を踏まえて、広大な内陸地域を有する北海道の開発と河川流域のレクリエーション利用について検討してみようと考える（小松原尚、1993）。

　敗戦により海外植民地を失ったわが国にとって北海道は「日本再生のホープ」であった。これまでは樺太や千島への通過点に過ぎなかったこの地が食糧基地、地下資源の宝庫として脚光を浴びるようになったのである。道内の河川流域の開発も北海道庁、北海道開発庁それぞれの行政機関によって活発に進められた。

　広大な面積を有する北海道にあっても比較的開発の容易な地域はすでに農用地などへの利用に供されており、戦後のものは、内陸部の広範囲かつこれまで開発の困難視されていた地域に技術と資本が投入された。

　図2-3は石狩川流域の開発の進展を示したものである。石狩平野はこの石狩川の流域に形成された沖積平野である。石狩川本流をはじめとして、大小の支流がこの平野の氾濫原を形成している。火山性の湖である支笏湖を別にすれば、1910（明治43）年以降、石狩川中下流域の氾濫原の湖沼が農地へと改変されていったことがわかる。中でも中流域に広範囲に横たわっていた篠津原野の開拓は戦後の大規模事業の1つとして特記できる。食糧、なかんずく米増産政策の一環として進められ、国営事業を主軸に大規模な土地改良事業とダム建設による水利確保を並行して行った（宮川・田邊、1968、p.147）。

　このように北海道における開発は河川流域の農地開発でもあった。道内にはこの石狩川をはじめとして長大河川が3本あり、いずれも流域面積において全国の河川の十指に入る。それらの中で十勝川流域は畑作地帯となり、天塩川の上流域の盆地は水田地帯となっている。

　しかし、1970年代に入るとコメ過剰への対応として水田転作、作付制限が実施されるようになった。畑作地帯にあっても牛乳の生産調整、農産物の自由化など農業をとりまく情勢に一層の厳しさが生じ、これまで河川流域の恵みを享受したきた農村地域にあっても開発のあり方に再考が求められるようになってきた。

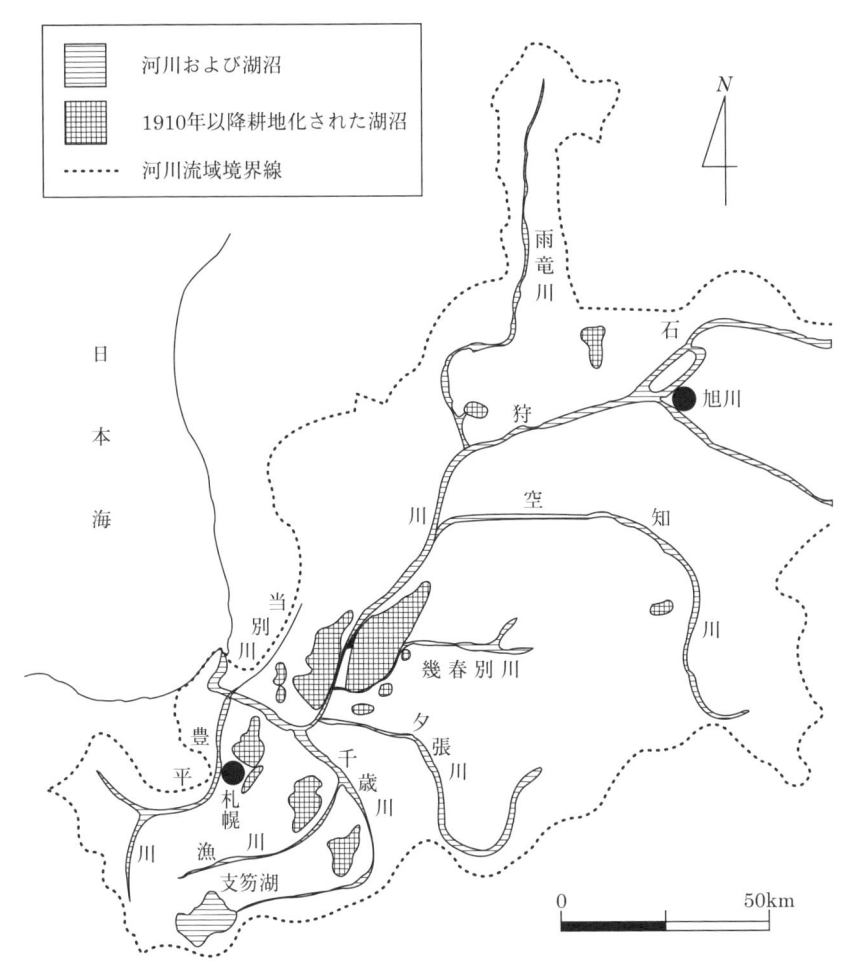

第2章　インフラストラクチャーの整備と観光　67

図 2-3　石狩川流域の開発
（石狩川開発建設部資料より作成）

　必ずしも需要を見通したとは言い難いようなダム建設、河川改修は1990年代以降のわが国にあって大きな財政圧迫要因となっている。さらに、地球環境問題の深化にともない自然保護の側面からも河川流域の開発と利用に関してその意義に疑問を呈する声が大きくなった。こうした状況は北海道にあっても例外ではなく、その計画見直しと施工を終えた施設・設備の利用促進に向けて新

たな戦略の構築を迫られたのである。

モータリゼーションの進展により、都市のレクリエーション圏は飛躍的に拡大し、山中のダムサイトまでも日帰り観光が可能となった。さらに、都市化の進展によって無機的な環境が大きく支配するようになればなるほど、その反作用として仮に疑似的なものであっても自然への回帰願望が膨らむ。この脈絡の中から生まれてきたものの1つが河川流域のレクリエーション利用である。

北海道にあってもその例外ではなく、むしろ典型事例の1つとして位置づけることができよう。そこで次に、道内における河川流域のレクリエーション地について、内陸部に焦点をあてて、分布論的に考察を試みる。

かつてNHKが実施したアンケートの集約結果を利用して北海道の内陸部を構成する市町村の観光資源の中から河川流域を抽出することにした。

依拠した資料である「NHKふるさとデータブック」はその「利用の手引き」によれば「内容および文章表記は各市町村から提供されたデータを基礎資料として利用するとともに添付された諸資料（要覧・物産観光資料等）を参考に……随時聞き取り調査を行い、NHK独自資料を加えるなどして総合的に取りまとめた」（NHK情報ネットワーク、1992、p.4）ものであるので、上記の課題に接近するための資料として適切なものの1つと考えられる。

上記資料に掲載された「自慢の風景」「自慢の施設」「観光資源」「イベント」「四季の風物」「日本の百選など」などの項目にあげられた河川等にかかわる事項をそれぞれの市町村におけるリクリエーションスポットと考えた。

その中から、河川等に人為的な改変の加えられているところ、即ちダムと人造湖、河川護岸、橋梁を観光スポットやレクリエーションポイントとして挙げている市町村の中から、内陸部のもので、3大河川流域に限定して示したのが図2-4である。

まず気付くのは、①石狩川中流域の石狩平野中央部に展開する市町村に該当するものが多いことがわかる。次に、②北海道の脊梁山脈を構成する天塩、夕張、石狩の各山地に形成された谷奥に建設されたダムサイトが対象になっている。最後に、③河川中下流域の長大橋梁や堰堤が挙げられる。例えば十勝川の中流域の町村がそれにあたる。④3大河川の中では、天塩川流域に該当町村が

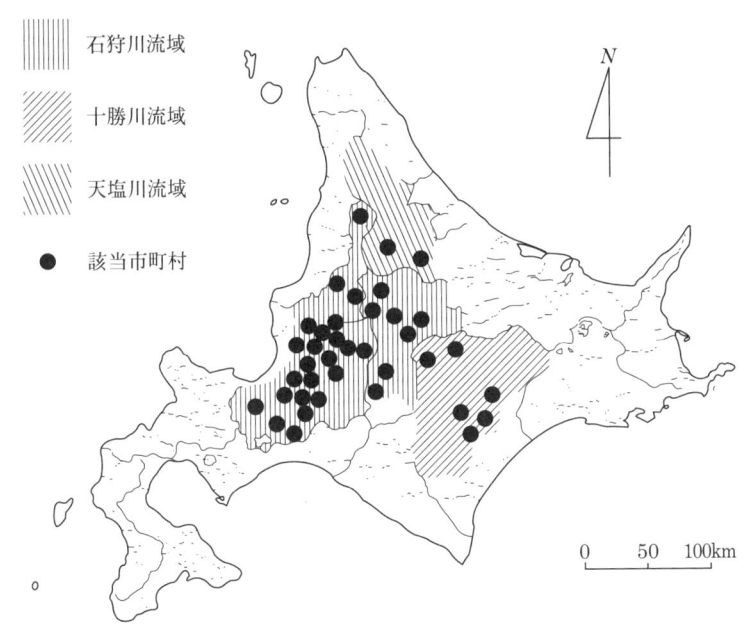

図2-4 3大河川流域内陸部におけるレクリエーション利用

少ないことも特徴である。

以下では、最も開発の活発に行なわれた石狩川流域の事例の1つとして札幌市を中心とした地域における河川のレクリエーション利用の状況について検討してみることにする（小松原尚、1995）。

いわゆるリゾートブームに陰りの見え始めた時期にさしかかっていた1992年、「リゾート」のもつ本来の意味つまり、度々訪れる場所、身近なリクリエーションスポットを紹介するとともににその問題点を考えてみようということで、札幌市内の高校生にアンケート調査を実施した。アンケートへの協力をお願いした学校は男子のみの普通科高校、進学希望者から就職希望者まで混在する学級編成になっている。その中から1学級を選定し、ほぼ全員にあたる47名からアンケートへの回答を得た。

アンケートは設問項目に対して自由に記述してもらう形式で行った。その1つに「君が気軽に行けるところで、たびたび訪れてみたいと思う身近な場所

（公園、博物館、美術館、遊園地など）を1つ挙げよ」という設問があった。

　この点について整理してみると札幌市内を流れる豊平川とその水系にかかわる場所をあげている生徒が47名中13名いることがわかった。手軽なリクリエーション空間として河川が位置づいていることを示していると考えられた。

　一方、豊平川を含む石狩川流域を管理している北海道開発局石狩川開発建設部では、その頃「石狩川百景」を選定し取りまとめ、同名の出版物として1993年3月、北海道開発協会から発行した。この事業の目的はそれによると、第1に石狩川流域の素晴らしい自然、歴史、生活などを流域生活者と来道者にアピールし利用してもらうこと。第2に石狩川の役割の重要性の喚起にある。選定委員会は開発局関係者の他に写真家と観光関連業界から道観光協会、JTB、JAL、JR北海道の代表から構成された。流域市町村から寄せられた多数の候補写真から前述の委員会は91か所を選んでいる。この中で札幌市では、石狩川・豊平川流域にある9か所が選定されている。

　先般の高校生によるラインナップと開発局による選定地点とをそれぞれ地図上に示したものが図2-5である。その特徴を示せば以下のようになる。

① 両者に共通して選ばれているのは中島公園（鴨々川）1か所だけだということである。このことは豊平川流域に多数の様々な観光リクリエーション地が存在することを示している。北海道開発局石狩川開発建設部（1993、p.84）によれば中島公園はその名の通り、豊平川と鴨々川に挟まれた中洲である。1908年より造園を開始し、1975年からは鴨々川沿いに水遊び場、ホタル水路、ニシキゴイの放流、シダレヤナギの並木などが整備されていった。また、「ボートに乗れ、噴水がある。……コンクリート広場やバラ園もあり草木も豊富である。中島児童会館の中では卓球やバドミントンなどのスポーツができるし、マスコミでも紹介された人形劇場もある」という生徒による推薦理由にあるように市民にとって幅広くその価値が認められている場所である。

② 相対的に手付かずの状態の滝や渓谷美という観点からみると、生徒選定の平和の滝、星置の滝、開発局選定によるアシリベツの滝、真駒内川に関して両者の選定の共通性に気付く。いずれも市街地から路線バスで行け

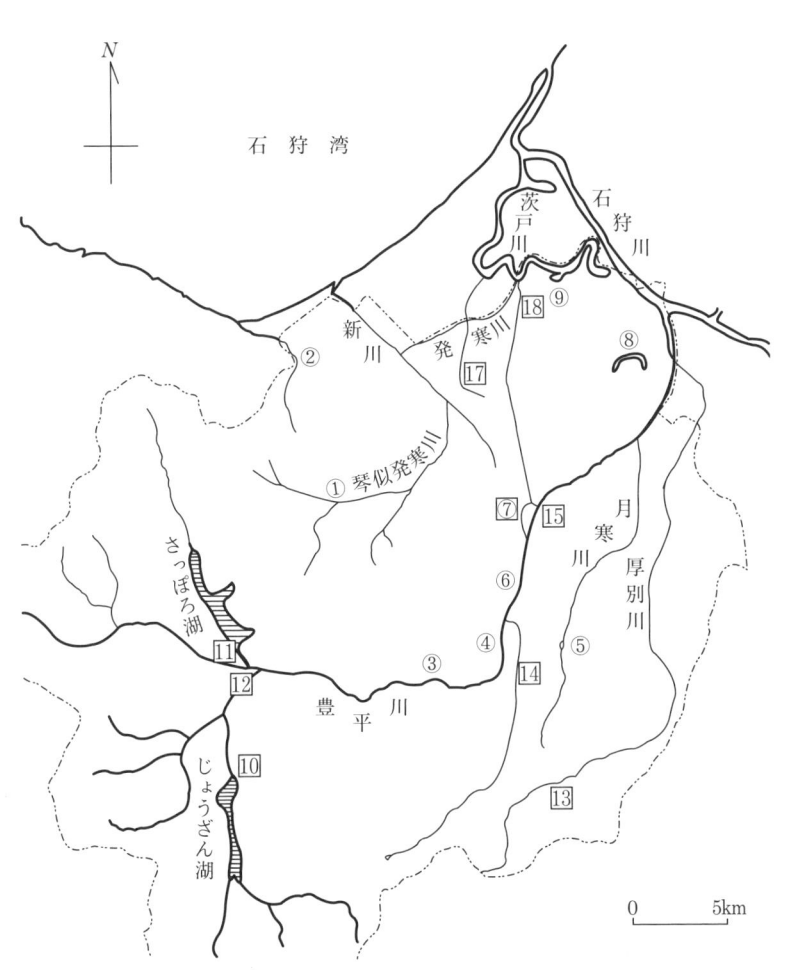

第2章 インフラストラクチャーの整備と観光　71

①平和の滝　②星置の滝　③十五島公園　④藻南公園　⑤西岡水源池公園
⑥ミュンヘン大橋　⑦中島公園・鴨々川　⑧モエレ沼公園　⑨ペケレット沼
⑩豊平峡ダム　⑪定山渓ダム　⑫定山渓温泉　⑬アンリベツの滝　⑭真駒内川
⑮豊平川環境護岸　⑯創成川下流　⑰安春川
○高校生選定　□石狩用百景　----札幌市界

図2-5　札幌市内　石狩川・豊平川水系の観光レクリエーション地

るところにありながら、自然の魅力を楽しめ、神秘的な雰囲気も味わえる場所である。
③　両者の選定意図の違いがうかがえる。すなわち、生徒たちによる選定理由をみてみると身近なリラックス空間、家族や友人とのレジャーの場、何か謎めいた遊びの場所として意識されている。一方、「石狩川百景」ではこの選定の目的からもわかるように水資源開発とその観光資源化および180万都市札幌における観光リクリエーション空間の整備の進展状況を一体的にアピールすることにウェートがおかれている。定山渓地域の2つのダムと地元の温泉観光地が選定されているのはそのような意図の現れと考えられる。さらに都市圏における親水機能の整備の事例として鴨々川、環境護岸、創成川、安春川を示してある。

土木技術の進歩の成果と経済成長期における豊富な財政資金を享受し、20世紀後半の北海道にあっても自然環境の資源化を積極的に行った。石狩川をはじめとした河川流域の改修や源流部周辺へのダム建設水利事業の展開もそのような投資行動の一環として理解できる。そして、河川流域は現在まで、地域住民の生活にとって貴重な空間を提供してきたし、これからもその役割は一層高まっていくだろう。

しかし、近年の社会経済構造の変化にともない、そのような投資行動にも再考が求められるようになった。近年の自然保護への関心の高まりによって、開発から取り残された地域の自然環境の価値を積極的に評価し、日本のみならず世界に対してアピールしていこうとする活動が成果をあげつつある。

これまでの河川の整備は災害の防止を最優先として行われ、高い堤防や、コンクリート護岸などがつくられてきた。その一方で、自然の川の流れや水辺の空間が変化し、そこに生息する生物への影響も心配される。このような脈絡の中で行政側も、安全性の追求のみならず水辺の自然環境の保全・再生、自然との共生を目的とする事業、すなわち Aqua Green Strategy（アクア・グリーン・ストラテジー、AGS）の導入など、河川改修の手法にも工夫をこらすとともに、その内容を広く国民に印象づける活動を行っている。「石狩川百景」の企画もそうした一環と考えられる。さらに、既設のダムサイトや改修河川敷へ

の市民への関心を喚起する目的で、それらの施設のレクリエーション利用へと誘導する事例も多い。利用促進のためのサービス供給側からの工夫の1つとして評価できるが、次世代を担う高校生たちへのアンケート調査の結果と行政の意図とにはその認識に格差が認められた。

さらに、これまで建設された河川にかかわる施設・設備の維持・管理にかかわるコストも国、地方自治体いずれにとっても負担となりつつある。今後、20世紀から引き継いだ資産を取捨選択し、再構成していく作業が進められるにちがいない。そして、上述のような編集作業を通じて、行政による供給の論理と市民の利用者としての感性の格差を均衡点に近づけるための、国や市町村そして団体などの既存の境界線を越えた合目的な地域の結合関係が形成されるのではないかと考えられる。

都市生活者にとって河川、水辺への関心は近郊地域にも及ぶ。例えば、羊蹄山は透水性が高いため、降水のほとんどが地下へ浸透する。しかも地下水脈は長く、湧出まで通常数十年を要するので、その間に地中から養分を吸収し熟成を重ねてほどよい硬度のまろやかな味の湧水となる。湧水は開拓当初から農業潅漑用水として、あるいは生活用水、産業用水として利用され、地域の人たちにとって「命の泉」であった。

京極町では四季を通じて絶え間なく湧き出る「ナチュラルウォーター」の1日当たりの水量は約8万t、およそ30万人分の生活用水に匹敵し、簡易水道ポンプ場を設置し各家庭に供給されている。また、水質、水量、周辺環境、親水性に優れ、地域住民や行政による保全活動がしっかりしていることが評価され、全国784件の候補の中から、1985年、環境庁より「名水百選」に指定された。これがきっかけとなって札幌をはじめ都市部からおいしい水を求めて観光客が殺到している。湧水口のそばには丸太を利用した樋を設置して、おいしい水を存分に楽しめるようにし、さらに1986年以降、5億5千万円を投じて「ふきだし公園」の整備を行ってきた。また1990年からは、この公園を中心として8月中旬に「名水の里しゃっこいまつり」を開催している。この結果、1986年には10万人足らずだった観光客入込数が1990年には50万人近くまで伸びている。

また、羊蹄山の南麓の裾野に広がる通称真狩原野と呼ばれる標高200～300mの台地上にある真狩村は中央を真狩川が西流し、支流が枝状に流れている。羊蹄山の雪解け水が地中にしみこみ伏流水となって岩石の地層を透過し、標高250m付近の真狩川沿いに湧き出ている。1日当たり45,000tの湧出量の水は村内にある澱粉工場の澱粉製造用として利用されているし、ニンジンやダイコンを漬け込んで「なた割漬」を作るときにも使われる。そして、完全無菌のまま容器に入れられ、超一級のミネラルウォーターとして飲料用や化粧水、製氷用に利用されている。さらに、清流に育つドナルドソン（ニジマスの一種）の養殖池もこの水で満たされ、成魚は村内青年有志によって結成された村おこしグループによって加工・出荷されている。

（2）　沿岸域の自然環境と観光的利用

　沿岸国による水産資源管理強化に伴い、その適正な利用・保護と栽培漁業の定着化のために、漁港を核とした生産基盤と生活基盤の整備が必要となっている。漁村における生活環境施設の整備のためには漁港と隣接する沿岸域の土地の有効利用が必要であり、地域の再生のためには水産業そのものや漁村景観を資源化し、海洋性リクリエーションや観光的利用することも視野に入ってきた。

　余暇時間の増加と安近短という観光需要の質的変化に伴い、身近なレクリエーション地が求められている。都市にあっては、沿岸域は身近な憩いの空間を提供する場でもあり、生活に潤いをもたせる貴重なレクリエーションの場をも提供している。以下においてはまず、沿岸域の中に自然海岸の多く残っている北海道のオホーツク沿岸を取上げ、その自然環境と利用について論じる。

　わが国には面積8km^{2}以上の湖沼が30あり、その中で北海道網走市に関係するものは能取湖（58.4km^2）、網走湖（32.3km^2）、濤沸湖（8.3km^2）であり、いずれも海跡湖である（「理科年表」）。これらの湖はオホーツクの海流の力によって運ばれた土砂が浜堤を形成し、入江と外海とを隔てたために形成されたものである。それらの中で網走湖は女満別町（現、大空町）と湖面で境を接しており、濤沸湖は小清水町と同様の関係にある。網走市域に含まれる面積は網

走湖が 20.1km²、涛沸湖が 4.7km² であり、上記 3 湖の網走市に占める面積の合計は 83.2km² であり、市の面積の 2 割弱にあたる（網走市広報課調べ）。以上のように網走市にとっては海岸線とともに重要な位置を占めている。そこで次にこれらの湖にかかわる観光と環境についてみてみよう。

　涛沸湖（図 2-6 11）は白鳥飛来地となっており、湖口近くの白鳥公園（網走市北浜）に市では 1992 年に野鳥観察舎を建設している。多いときには 1 日 40 から 50 台の観光バスも訪れ、1997 年度には、年間の入込み客数は 10 万人を上回る（101,808 人）観光地となっている。白鳥は寒さが厳しく餌も乏しいシベリアから 10 月中旬ころ飛来し、多いときには 700 から 800 羽がここで羽休めを、また一部は越冬し 5 月中旬には再び北行する。湖の対岸の砂丘は原生花園（小清水町）で夏季には観光客で賑わう。

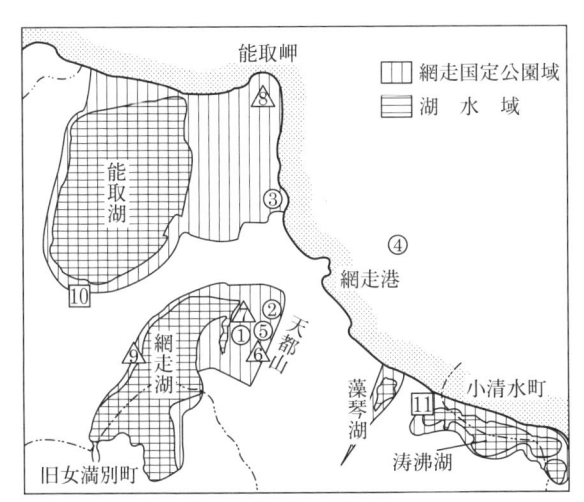

1. 利用者数の多い展示見学施設など
   ①博物館網走監獄、②オホーツク流氷館、③オホーツク水族館、④流氷観光砕氷船おーろら、⑤北方民族博物館
2. おもなキャンプ場
   △てんとらんどオート　△呼人浦
   △美岬　△嘉多山
3. 公園など
   10 卯原内サンゴ草群落地　11 白鳥公園

図 2-6　おもな網走市内の観光地

能取湖の南端に面する卯原内（うばらない）（図2-6⑩）はサンゴ草群生地として知られており、年間13万人前後の観光客が訪れる。サンゴ草は塩分の強い土地に成育し、秋には茎の部分が赤く変色し、南海のサンゴを彷彿とさせるのでこの名がある。アッケシソウとも呼ばれ、1891年に厚岸湖で群落が発見されたことにちなむが、現在は厚岸のものはほとんどなくなり、道内では、サロマ湖に7ha、能取湖周辺には9haあり、その内の3.8haが卯原内にある。能取湖湖口の掘削による湿地の乾燥化によって生育面積が縮小した時期もあったが、人工栽培などの取り組みが功を奏して現在に至っている。サンゴ草が色づく9月には毎年、「さんご草まつり」が開催され、期間中に2万人の入込み客がある（「卯原内観光協会創立35周年記念誌」ほか）。

　網走湖は網走川増水時には網走市街を洪水から守る遊水池としての機能、ワカサギ、アサリなどの魚介類を漁獲する内水面漁業の漁場として、ミズバショウ群落やキャンプ場といった観光・レクリエーション地として、湖の豊かな資源を地域に提供してきた。このように地域の暮らしや活動とも密接な関連をもってきたこの湖において、水質は1971年設定の環境基準を未達成の状況にある。植物性プランクトンのアオコの異常発生、1987年には湖水の下層にある無酸素の塩水層が強風にあおられて湖面に出る青潮現象によりワカサギやウグイの大量斃死が発生し、湖沼環境の悪化が進行している。その原因に考えられているのが、網走川水系の河川へ流入する工場からの廃液や畜産排水に含まれる有機物による湖沼環境の富栄養化があげられる。ことが流域に及ぶ問題であるから、関係する市町村による広域的な合意形成が求められる。そのために関係自治体が水質汚濁のメカニズムを解明し汚濁防止や水質浄化に向けての方法を話合うために、1991年「網走湖水質保全対策検討委員会」を組織している。

　港湾地域の再生に関しては、国土の縁辺地域にあっても例外ではない。近年観光客に人気を集めているのが流氷観光砕氷船による沿岸クルーズである。流氷がオホーツクの海岸に押し寄せる2月と3月を中心に運行スケジュールを組んでいる。初年度である1990年度は20,559人に過ぎなかったが、1997年度には144,433人になっており、実に後者は前者の7倍になっている。この間

1995年冬から2艘体制になり利用者の増加に対応している。さらに、港湾空間を利用してのイベントによる集客活動も活発である。2月上旬の流氷まつり、7月の夏まつりである。期間中にそれぞれ17万人から18万人の入込みがあり、この地域で行われるイベントとしては最も観客数が多くなっている。1988年改訂の港湾計画では流通拠点や産業基盤の側面のみならず人々の交流機能へも論及している。網走港の現況は、人々が集い憩う場としての親水防波堤が整備され、新港地区に30,000tクラスの船舶も係留可能な−12m岸壁も完成している（1993年）。この岸壁への接岸第1船は外洋クルーズ船の「飛鳥」であり、海洋性レクリエーション活動のための空間としての港の位置づけを印象づけた。

網走市は観光を産業の柱の1つとしてまちづくりをしている。網走市の人口は42,470人（1998年3月31日現在）である。これに対して観光客の入込み数は2,154,400人（1997年度）であり、人口のおよそ50倍以上である。市の推計によると観光消費額は169億937万円（1996年度）であり、農業生産額の170億9,305万円とほぼ並び、水産業生産額（105億7,130万円）の1.6倍、製造品出荷額（387億3,771万円）の約半分に相当する（網走市「商工労働観光概要」による）。また、図2-6に示したように、網走市の市域には港湾地域を取り囲むように、網走国定公園の主要な部分の指定をみており、公園総面積374km^{2}の中で、網走市域は151km^{2}であり、面積の40％以上が網走市に含まれることになる。そしてこの面積は網走市の総面積471km^{2}の30％以上を占めている（北海道網走支庁地域政策部環境生活課調べ）。そこで以下において、市内の主要な観光地について述べておこう。

博物館網走監獄（1983年開館）は網走刑務所の改築に際して、放射状の舎房などを天都山の中腹に移築したものである（図2-6①）。年間の利用者は569,600人（網走市「商工労働観光概要」による、1995年度から1997年度の平均値、特記しない限り以下同様）であり、他の観光施設に比べて極めて多い。刑務所が観光資源となるのは全国的にみても希なケースである。そのきっかけは1959年に上映された「網走番外地」であり、その後リメイクされ、1965年から1972年までの関連作品は18編に及ぶ。網走刑務所の前身は北海道集治

監網走分監として大曲に設置された。服役囚は当初は旭川から網走までの幹線道路開削のための労働力として使役され、その後、マッチの軸木製造のための工場労働力になる。また、刑務所で必要な食料を自給する目的から、分監舎から2kmほど離れたところに農場を有していたので農業刑務所としても知られていた。なお、網走監獄として独立したのは1903年のことであった。

先に述べた網走監獄をはじめとして、天都山（標高207m）とその周辺は観光拠点が集まっている（図2-6）。中でも年間利用者数の上位5件の中に含まれる展示見学施設が3件ある。すでにふれた網走監獄の他にはオホーツク流氷館・展望台（298,000人）、北方民族博物館（41,200人）である（それぞれ図2-6の②と⑤）。さらに、図2-6⑥に示した、てんとらんどオートキャンプ場（1994年開設）は網走市内のキャンプ場の中では最も利用者が多い（620,500人）。「天の都にいる心地がする」ということから名付けられた天都山が観光地に名を連ねるようになったのは、登山道が整備された1920年代も後半に入ってからである。網走商工会が1929年に発行した「網走名勝案内図」にその名がとりあげられている。それまでの展望地としては三眺山が網走川を挟んで対岸にあったが、刑務所の敷地に含まれるため利用の増大に際しての障害になっていたのでそれに代わるものとして利用されるようになった。さらに1938年には名勝として文部省から道内で唯一指定を受けた。1951年ここに初めて展望台を設置、さらに1957年には天都山道路開通に伴い新たにバス路線を開設している。そして、1980年代に入ると先に述べた展示見学施設（オホーツク流氷館・展望台が1980年、北方民族博物館が1991年）が新設された。

（3）　港湾地域の再生とレクリエーション施設の立地

戦後の高度経済成長期にあっては海面埋立による工業用地造成が活発に行われた。しかし、わが国の高度経済成長を担ってきた鉄鋼、造船など、臨海工業地帯を形成した重厚長大産業は構造不況にあり、こうした業種をかかえる企業城下町においても企業の衰退と運命を共にする傾向もみられる。そして、装置産業の業態転換にともなう用地の縮小と未利用造成地の拡大をみた。さらに、生産の一極集中排除を促すため工場の地方移転とハイテクなど軽薄短小産業の

内陸部への立地の拡大のため臨海地域は空洞化し、広大な遊休地も出現した。

　また、海運システムの変化にともなう港湾地域の荒廃も進んだ。貨物輸送のコンテナ化など海運業の近代化と航空輸送の発達により、港湾の荷役施設の老朽化、遊休化が顕著となり、廃屋と化す倉庫街もみられるようになった。こうした状況は治安上からも、都市における土地利用の効率化の観点からも問題視されるようになった。

　このような遊休地の再開発が太平洋ベルト地帯、中でも京浜・京葉や阪神、北九州といった旧来からの工業地帯を中心にウォーターフロント開発として進められた。1980年代後半以降のわが国の沿岸域にあって、港湾地域の再開発を積極的に展開していったのはこうした脈絡からと考えられる。

　そこで、1980年代後半以降のわが国における沿岸域の再開発に焦点をあて、その歴史的経緯を整理してみたい。なぜなら、この時期以降における港湾地域を中心とした施設設備投資が、その後の地方自治体の財政浮沈や地域経済の盛衰に大きくかかわっていると考えるからである。次に、沿岸域における展示施設の建設事例として水族館を取上げその立地展開の特徴とその背景を明らかにする。そして最後に、2大都市圏における沿岸域の再開発と展示施設の立地展開について検討を加える。

　1980年代末から全国に大型の水族館の建設が相次いだ。図2-7はその分布状況を示したものである。図を見ると新規に開館をみた10例中の総てが沿岸域に立地していること。7例が、東京湾

凡例
①登別マリンパーク・ニクス
②葛西臨海水族園
③しながわ水族館
④横浜・八景島シーパラダイス
　（アクアミュージアム）
⑤新潟市水族館・
　マリンピア日本海
⑥名古屋港水族館
⑦鳥羽水族館新館
⑧海遊館
⑨境ヶ浜マリンパーク・
　フローティングアイランド水族館
⑩マリンワールド・海の中道
　（海の中道海洋生態科学館）

図2-7　1989年以降に開館した主な水族館
（朝日新聞（夕刊）1991年7月13日付をもとに作図）

岸、伊勢湾岸、大阪湾岸、博多湾岸、すなわち大都市圏の沿岸域に立地していることがわかる。従来の水族館が観光地に立地する傾向が強かったことに比べて大きな変化を示している。このことは沿岸域における開発と展示施設の立地との強い関連性を示していると考えられる。また、④と⑧の水処理設備は国内の大手造船メーカーH社が手掛けている。構造不況下の重厚長大産業がその技術を利用し新たな事業展開として、沿岸域の文化施設で活用されている点は興味深い。

この背景を1987年に閣議決定をみた、第4次全国総合開発計画との関連で考えてみると、この全総計画には「地域の自立」、「地域の独自性」、そして「社会全体の活性化」の観点から、分散した拠点とそれらを結ぶ連結棒が、交流ネットワークの構成要素となっていることとも関連していると考えられる。このネットワークを活発化する機会づくりの1つとしての展示施設は「地域が主体となった個性豊かな地域づくり」の拠点施設の1つとなり得るし、「交流の機会づくりの推進」のための機関としてもその可能性をもっていると期待されたのである。以下に交流ネットワークの構成要素としての文化施設の役割をまとめておく。尚、本稿にいう展示施設とは美術館、博物館、水族館、資料館およびそれらの複合施設を指すものとする。

その役割意義はa）地域における歴史的環境保全と活用のための役割として、文化財の復元・保存・活用と歴史的風土を保存し、「個性豊かな地域づくりの一環」としての歴史的環境の活用のための拠点として、遺跡等の歴史公園とならんで、歴史・民族資料館や野外博物館の役割が重要である。次にb）長寿社会における地域の教育や文化の活性化のための役割として、国立の展示施設は東京圏に多く立地している。地域の文化や研究活動を振興し、人口と諸機能の定着のために展示施設は重要であるから地方への誘導が必要である。また、長寿社会における生涯教育の場として、さらに地域活性化の基幹施設としての活用も考えられる。情報通信手段を活用し、広域交流のためのネットワーク化の拠点となる。最後にc）沿岸域の利用のための役割として、沿岸域の利用・保全のために海岸線を挟む低・未利用域のリクリエーションへの活用が計画される。国民の海洋への親水性を高めるためマリーナや遊漁施設のみなら

ず、海の博物館のような展示施設によるイベントや教育活動が重要である。

　これまで述べたような沿岸域の状況はその再開発の必要性を示すものと理解できる。そこで以下に交流ネットワーク構想の具体的内容例と関連付けながら、沿岸域の4全総における位置付けを考えてみよう。

　まず、「個性豊かな地域づくり」の側面では、埋立地へ企業の管理、情報処理、研修部門や本社機能を移転し、副都心・新都心を形成し、中枢的都市機能の集積拠点を形成する。また、港湾地区への貿易センター、見本市・展示施設、姉妹港交流のための施設などを建設し国際交流拠点を形成する。次に「地域間交流のための高速交通体系の整備」の側面では、障害物が少ないという特性を生かし衛星通信の地上基地を建設する。また、沖合の埋立により関西新空港のような国際空港を建設した。最後に「交流機会の創出」の側面では、再開発によって形成した公共スペースを活用し、イベントの開催や姉妹港との交流行事を行う。また、「海の祭典」の持ち回り開催やヨットレースを開催し市民の海洋への関心を喚起する。そして、船舶を利用した社会教育も計画する。

　以上のように全総計画とかかわりなから沿岸域における再開発は進行をみた。大都市圏では好況期におけるオフィス需要の増加に応えるため、沿岸域の再開発として高層ビルの建設が進んだ。そして、レトロブームを背景に赤レンガの倉庫街の復元と再利用も行われた。さらに製鉄工場跡地へテーマパークを建設し企業経営の多角化と業種転換を図るケースも見られた。また、縁辺地域においても総合保養地整備法（いわゆるリゾート法）の成立以降のブームの中で沿岸域においてもリゾートホテル、ゴルフ場、マリーナが多数出現した。

　しかし、バブル経済の崩壊とその後の不況による需要減退により、沿岸域開発は新しい段階を迎えた。オフィス需要の減退に伴う再開発施設の経営不振、リゾートブームの終焉による不良資産の滞留などを指摘できよう。こうした事態に対し経営不振施設への行政による支援の実施もみられる。さらに、行政主導による大規模プロジェクトをスタートさせた地域もあった。

　そこで次に東京湾沿岸域の内、東京都を中心とした区域の展示施設の立地についてさらに詳しく検討するために図2-8を参照されたい。この図から沿岸域における再開発地域と展示施設の立地との関係を考察してみよう。まず、すべ

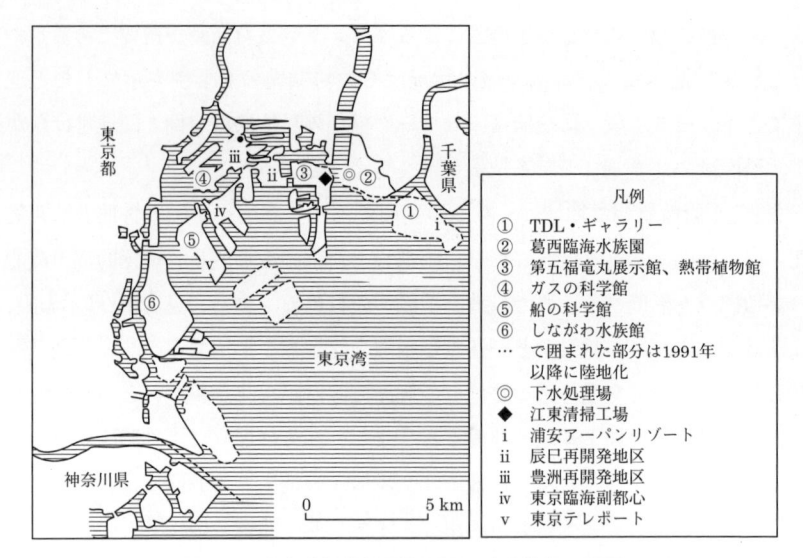

図 2-8　東京湾沿岸域開発計画と文化施設の配置

てに共通して指摘できるのは沖合の埋立地に立地している点である。
　それらの中で比較的新しいものは①と②である。①は 1983 年に開園しそれ以降順調に入場者を伸ばしている。園内に千葉県の物産館があること、開園 10 周年を記念してパークやキャラクターのイメージ画のコレクションギャラリーを開設した。さらに、②は上野動物園の開園 100 周年を記念して設立をみた。大型水族館の先駆けとなった施設である。
　②と③はそれぞれ隣接して下水処理場と清掃工場が立地している。都市における産業および生活廃棄物の処理と沿岸域開発との関連性を示している。なお、③で第五福竜丸展示館はアメリカによるビキニ環礁における水爆実験で被曝したマグロ漁船とその関係資料の展示施設である。現代の「文化財」ともいえるものが交流ネットワークの拠点となる沿岸域に保存されていることは意義深いことである。
　④と⑤は近年、隣接地区で再開発が進行している。④は隣接するガス工場の関連施設としての性格をもつ。再開発地区（iii）の地権者は大手造船メーカー I 社である。都は⑤のある有明地区の都有地を中心に臨海副都心計画（iv）を

進めている。バブル不況下における企業業績の悪化などから進出予定企業の計画変更が相次いだ。

　⑥は区立では最初の海水水族館として1991年10月開館した。20mの海中トンネルへとつながるエレベーターは深海への潜水をイメージした音響の演出もある。周辺は区民公園として整備されている。

　次に東京湾沿岸域のもう1つの事例として横浜市みなとみらい21地区の再開発とそこへの展示施設立地を図2-9にてみてみよう（渡辺一夫、1987）。1980年三菱重工業横浜造船所（ⅲ）の移転決定を受け、翌1981年「みなとみらい21」基本計画の発表をみた。計画地面積は186haであり、その内埋立部分の76haに比べて既存部分の方が110haを占め広い。したがって、この部分の移転などの調整がポイントの1つになったと考えられる。

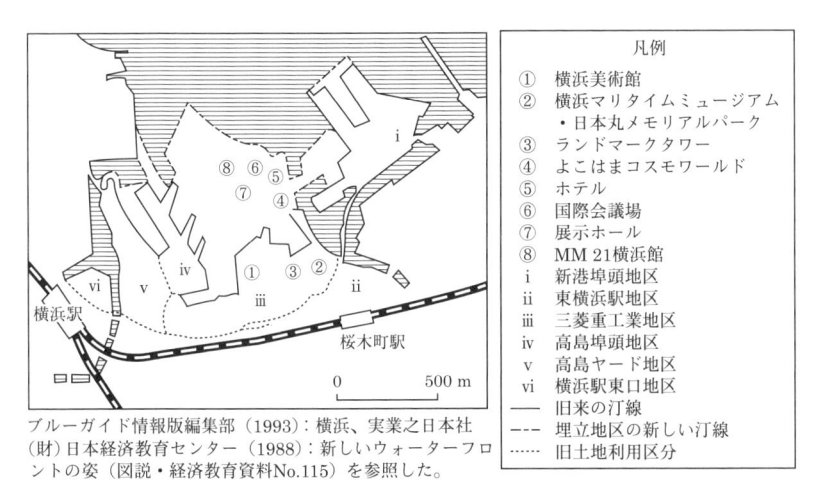

ブルーガイド情報版編集部（1993）：横浜、実業之日本社
（財）日本経済教育センター（1988）：新しいウォーターフロントの姿（図説・経済教育資料No.115）を参照した。

図2-9　横浜市みなとみらい21地区の開発と主な施設の配置

凡例
① 横浜美術館
② 横浜マリタイムミュージアム・日本丸メモリアルパーク
③ ランドマークタワー
④ よこはまコスモワールド
⑤ ホテル
⑥ 国際会議場
⑦ 展示ホール
⑧ MM 21横浜館
ⅰ 新港埠頭地区
ⅱ 東横浜駅地区
ⅲ 三菱重工業地区
ⅳ 高島埠頭地区
ⅴ 高島ヤード地区
ⅵ 横浜駅東口地区
― 旧来の汀線
--- 埋立地区の新しい汀線
…… 旧土地利用区分

　既存部分は先に述べた造船所の他に旧国鉄の貨物操車場などの鉄道施設（ⅱ、ⅴ、ⅵ）、そして港湾倉庫群など（ⅰ、ⅳ）である。これらの移転を終え新たに①や②のような展示施設を、また埋立地には⑥や⑦などを建設し国際交流拠点を形成している。①は市立美術館として1989年11月に開館、横浜ゆかりの作家の作品、写真コレクションなど20世紀を中心とした収蔵品の展示を

行っている。

　②の帆船日本丸は現役引退に伴い、10を越える自治体から運輸省に対して引き受け申し込みがあった。その中で横浜市が選ばれたのは日本丸を常に航海可能な状態で保存するため、展示方法に工夫を凝らした点が認められたからである。さらに、周辺をメモリアルパークとして整備するとともに、隣接してマリタイムミュージアムを建設し港と船と海洋の展示施設として一体化している。

　こうした試みは文化財としての日本丸を「動態保存」という形でアピールし、他の港湾都市と比べた場合の独自性を創出することにもつながっている。さらに、日本丸を利用した青少年の体験行事やミュージアムにおける参加型展示、係員によるミュージアムツアーの実施など、国民の海洋への関心や理解を高める役割も果たしているとみられ、交流ネットワークにおける沿岸域の位置付けと展示施設の役割がかみ合った事例と考えられる。

　1992年12月に制定をみた「大阪湾臨海地域開発整備法」(大阪湾ベイエリア開発法、以下「開発法」と略記する)は大阪湾臨海地域の低・未利用地(1,300ha)の総合開発を目的としている。「開発法」の対象範囲は「大阪湾臨海地域」とその後背地ともなる「関連整備地域」からなる。京都、大阪、滋賀、奈良、和歌山、兵庫、徳島(2府5県)の291市町村を地域指定している。この事業に関係する中央官庁も国土庁を中心に、通産、建設、運輸、郵政、自治、環境の7省庁におよぶ。「開発法」の適用をうける事業および地域については、公共事業の重点的配備、税制面からの優遇、用途規制の緩和などの施策を実施し、関西地域の世界都市に向けての整備を進める計画である。

　そして、「開発法」に基づき、大阪府、兵庫県、大阪市はそれぞれの開発計画を明らかにした(図2-10)。まず大阪府の「堺北エリア」計画では、堺市北部の埋立地にスポーツ・リクリエーション、研究、業務などの中核施設を建設する計画を発表した。また、兵庫県の「尼崎臨海地域」計画では、エコミュージアムを中核施設として、産業と居住環境の整備を目指している。そして、大阪市の「テクノポート大阪」計画ではユニバーサルスタジオジャパンの誘致を決定し、「職・住・遊」の複合都市を指向した。大阪市の「テクノポート大阪」計画は大阪港南港地区(名称公募により「咲洲」と命名、以下同様)における

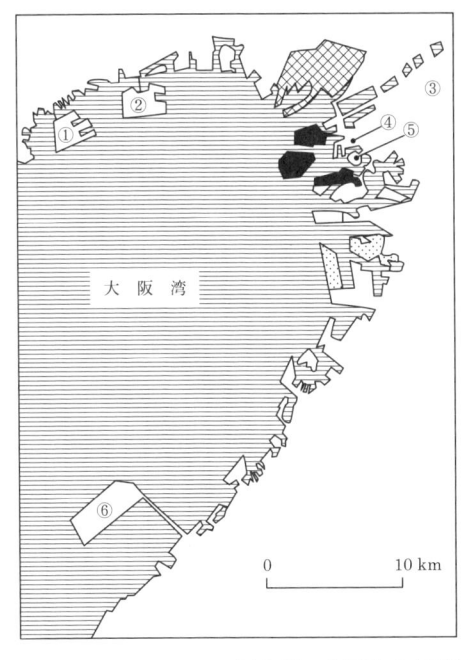

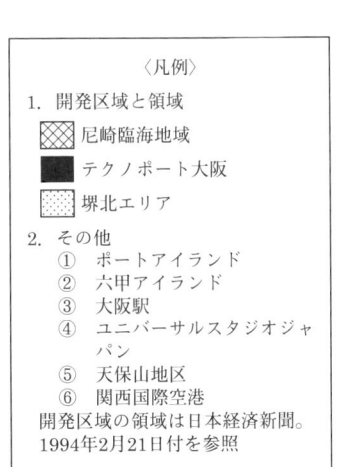

図2-10 大阪湾ベイアリア開発の現状

「コスモスクエア」建設に始まった。2000年までに160haを造成し、大手企業本社機能移転による新都心の形成と国際交流とアミューズメントの提供を目的に整備が進行中である。中でも、ATC（アジア太平洋トレードセンター）は世界最大規模の国際卸売マート「ITM（International Trade Mart）」と輸入雑貨の直売店やレストランなどから構成されたアメニティーゾーン「O's」からなる。1994年4月の開業以来好評であった。さらに海洋博物館、姉妹港文化交流館の計画も進めている。さらに同計画では北港北地区（舞洲）の廃棄物処分地の再利用で225haを造成する。西側の130haのスポーツアイランドをメイン会場に、選手村を北港南地区（夢洲）に建設し、2008年オリンピック招致を目標にした。

　天保山は安治川の浚渫によって生じた土砂を、今から百数十年前の天保年間に積み上げて形成された。以来、大阪港の中心に位置し、沖合を航行する船舶の目標ともなり、港大阪のシンボル的存在である。天保山周辺の埋立計画は

19世紀末からみられたものの、実施は経済的及び技術的理由から難行し、本格化するのは1920年代も末になってからであった（大阪市港湾局、1971）。1950年代後半から1960年代前半にかけては外洋航路の貨物船や客船の埠頭として賑わいを見せた。しかし、貨物輸送の航空機への乗換えや船舶貨物のコンテナ化により、従来型の港湾施設は老朽化・陳腐化した倉庫群が放置されていた。人通りも途絶えゴーストタウン化し、客船埠頭としての賑わいも失いつつあった（梅村宏尚、1993）。

　天保山の担ってきた、太平洋への門戸として歴史的経緯を踏まえた再開発を意図し、その中心施設として大規模な水族館の建設に1988年着手した。1990年に「海遊館」としてオープンした水族館は太平洋とその付属海をイメージした14の水槽からなる。開館以来毎年300～400万人の入場者を記録している。隣接地にはマーケットプレースも設けられ、買物や食事を楽しめる。1994年11月には隣接地に第2期計画として、アイマックスシアターの他、世界各国の秀作ポスターやガラス工芸品コレクションを展示したギャラリーをもつ「サントリーミュージアム［天保山］」も開館する。主な施設の配置については図2-11に示した。さらにホテルも整備や、埠頭としてのイメージを高めるため、大阪港観光船のサンタマリア号の発着場が隣接し、客船埠頭には外洋航路就航中の豪華客船の寄港を積極的にすすめている。

　これまで紹介した沿岸域への展示施設立地はいかなる意味をもっているか。この点を終わりにまとめておこう。まず、沿岸域の利用形態が工業、運輸といったいわばハードな側面から情報、国際交流などソフトな空間へと転換してきており、展示施設の立地もそうした変化に合致したもの

① 海遊館　② 天保山マーケットプレース
③ サントリーミュージアム［天保山］
④ ホテル―THV '95
⑤ 地下鉄中央線大阪港駅

図2-11　天保山地区再開発施設の配置

として理解できる。また、公共事業としての沿岸域開発においては市民へのサービスを具体的に示す公共施設が必要となり、この点からも印象度の強力な展示施設の建設が進められる傾向が伺える。さらに、沿岸域のもつ交易の接点としての歴史性や新たな役割への関心を市民に喚起する上でも、展示施設のもつ「個性豊かな地域づくり」と「交流機会づくりの推進」機能が市民に対して有効に働く可能性を示していると考えられる。

　次に、大阪湾ベイエリアにおける再開発の現状を踏まえて、大阪湾沿岸域開発の課題について検討しておこう。最初に、巨大プロジェクトの財源と企業の合意形成に関する問題である。例えば、大阪市の計画したユニバーサルスタジオジャパン建設について関係企業は負担増に慎重な姿勢を示した。さらに、インフラ整備のため新たな財政負担も強いられるし、地権者や既存企業とのコンセンサスも必要となる。さらに、関係官庁・自治体間相互の役割分担と調整の問題である。先発の東京湾ベイエリア開発では東京都、千葉県、横浜市の計画の総合調整の不調のため事業の乱立と競合が見られた。東京湾ベイエリアのような大きな需要のない大阪湾ベイエリアでは特にこの教訓を活かす必要がある。そのためにも関係7省庁の省壁を越えたプロジェクトへの対応、調整機能が必要となる。さらに、後背地（関連整備地域）との関連性も念頭に置く必要がある。

　かつての工場誘致・臨海工業地帯形成を主体とした沿岸域開発から開発の質的変化が生じている。沿岸域はもはや単なる生産の場としてだけではなく都会における知的回生の場となっている。本来のリゾートとして果たす展示施設の役割は高まっている。

第3節　情報通信手段の発達と観光地

（1）　情報通信技術の利用拡大

　情報通信技術の向上に伴い、我々の暮らしの中の様々な場面でその恩恵に浴することが多くなっている。こうしたコミュニケーション手段の変化によって人々の生活空間にも変化が生じる。情報通信手段の利便性向上によって人々は

情報収集の範囲を拡大し、中でも都市居住者の行動範囲は飛躍的に拡大している。このような生活機能面での広域化の結果として、大都市圏の構成にも変化を生じている。大都市圏をどのように規定するかについては様々な議論があるが、例えば富田（2001）は「大都市圏は…地理学的には次の3つに区分される。①景観的に大都市と連続している市街化された地域（市街地連担地域）、②通勤など日常的な行動面から大都市との結びつきが深い地域（日常生活圏）、③経済活動や転入人口などからみて大都市と関係が深い地域（大都市影響圏）の3つである」とまとめている。本稿で取り上げる大都市圏の範囲は③に関係するものが多い。

さらに、タイムジオグラフィー研究の発展によって、日常生活圏にかかわる研究も深化している。このような研究の中においては、日常の生活ではモータリゼーションの進展により行動範囲が拡大し、大都市圏における生活空間の変化を明らかにしている。この点に関して、川口（2001）は「近、中、遠の3つの距離帯からなる構造は大都市、地方都市を問わず安定的であり、また、中距離帯といってもせいぜい10kmの範囲に収まっている。自家用車の利用がこの距離帯の利便性を大きく増進したことを念頭におけば、郊外ロードサイドの発達や大都市圏の多核化・郊外の自立化といった議論と結びつける」と指摘している。さらに藤井（2001）は通勤圏の拡大に関して、鉄道輸送の高度化、道路網の整備にともなう影響について、3大都市圏の比較分析を行っている。

情報技術革新の産業立地への影響に関しては様々な角度からの研究アプローチが見られる。それらの中で田村（2002）は大都市圏への情報の集中と産業競争力の関係について論じている。一方、輸送も貯蔵も不可能で、生産と消費が同時進行するサービス業にあっては需要対象が限定され、しかも労働集約的な側面をもつので、都市はまとまった顧客を確保できる有望な市場である。同時に多種多様なサービスの集積した都市そのものが魅力にもなっている。観光もサービス業の複合体であるから観光サービスの生産に都市居住者からの需要対応はおろそかにできない。

これまで述べてきた状況の中で、都市近郊の観光地は、他の類似の観光地との競争の渦中にある。また、遠郊の観光地にあってはアウトバウンドの割安感

が根強いので、海外観光地との生き残り競争になる。このように国内外の観光市場の同一化が進行している。これまで検討したように観光客の増加と観光需要の質的変化があるので、全国レベルのみならず都道府県レベルにおいても観光推進策に一層の工夫が必要になっている。

　産業のサービス化・ソフト化の中で情報通信技術の開発の成果を利用した観光地に関する情報提供の進展をみている。こうした状況に対して、観光学の分野から、梅村ら（1997、1998）による北海道を対象とした事例研究の蓄積を確認できるし、国際観光の領域では大淵（2000）を得ている。ただし、これら一連の研究は観光地側からの情報発信のあり方を分析したものであり、旅行行動を生じさせる利用者の関心動向にかかわる側面への論及は必ずしも十分とは言いがたい。

　そこで本節では、情報通信技術の発展と社会的浸透という現段階をふまえ、インターネット通信販売におけるアンケート調査の結果を利用し、膨張する大都市圏、中でも東京と大阪を中心とする圏域の居住者の奈良県の観光地に関する意識調査をもとに、利用者の側面からの観光地の分析を試みてみたい。なお、奈良県を取り上げた理由は、県域内に3つの世界遺産登録域を有し、観光立県を掲げていること、京阪神大都市圏内にあることが本節の課題にアプローチするために極めて適切な事例であると考えたからである。

　奈良県内の印刷会社が運営するWebショッピングモール（ON-LINE SHOPPING MALL『奈良モール』）に掲載されているインターネットによるアンケートを利用して情報通信サービス利用者の動向の分析結果を概説しておこう。

　表2-3をみると、アンケートは第1回（2000年2月9日～2月18日）から第4回（2003年7月18日～8月22日）までほぼ1年から1年半の間隔で実施されている。アンケートに回答した利用者の数は第2回（2001年2月6日～3月9日）の300票台を例外とすれば、第1回が500票台、第3回（2002年4月19日～5月13日）が600票台、第4回が700票台となっており、おおよそ、100票単位で回答数が増加していることがわかる。インターネット利用の関心の高まりをこの数字の推移が表現していることは間違いない。

表2-3　インターネット利用の推移

回	合計	男性	女性	調査期間
1	559	337(60.3)	222(39.7)	2000年2月9日～18
2	363	178(49.0)	185(51.0)	2001年2月16日～3月9日
3	665	317(47.7)	348(52.3)	2002年4月19日～5月13日
4	767	364(47.5)	403(52.5)	2003年7月18日～8月22日

　さらに特徴的なのは回を重ねるごとに女性の構成比が着実に増加している点が注目される。男女別に検討してみると、男性が第1、3、4回とも300票台で推移しているのに対し、女性はそれぞれ、200票台、300票台、400票台と増加している。構成比でみても男性は第1回が60％台であった他はそれ以降40％台で推移している。これに対して、女性は第1回こそ40％台弱であったが第2回以降50％台となり、その後も僅かずつ構成比を伸ばした。このアンケート調査はインターネットショッピングに付随したものであるから、以上の結果から、小売業さらには観光を含むサービス業への情報通信技術導入の成果が女性を中心に浸透しつつあるということも推察できる。

　次に、利用者の発信地を圏域別にみてみよう（表2-4）。公表された都道府県別に基づく地域区分を変更し、「関東」と「甲信越」に属する都県を合わせて「関東甲信越」に、また「中国」「四国」「九州沖縄」を合わせて「中国四国九州沖縄」とした。これらに加えて、「北海道東北」「北陸」「東海」「近畿」の6地域に分けて比較してみた。その動向をみると、先に指摘した第2回の利用者（票数）の減少は東京を中心とした「関東甲信越」（185→102）と大阪を中心とした「近畿」（170→112）の減少によるものであることがわかった。この点を考慮すると、2大都市圏の利用者層の動向を大きく受けていることがわかる。この2大都市圏からの利用の推移をみてみると第2回を除けば、「近畿」に比べて、一貫して「関東甲信越」の方が多くなっており、回を重ねるごとにその差が僅かずつ拡大している。この点は構成比の変化も同様の傾向を示している。

表 2-4　圏域別利用者数の変化

圏域名＼回	1	2	3	4
北海道東北	39（ 7.0）	32（ 8.8）	54（ 8.1）	72（ 9.4）
関東甲信越	185（33.1）	102（28.1）	223（33.5）	275（35.9）
北陸	16（ 2.7）	11（ 3.0）	16（ 2.4）	15（ 2.0）
東海	67（12.0）	50（13.8）	88（13.2）	108（14.1）
近畿	170（30.4）	112（30.9）	185（27.8）	203（26.5）
中国四国九州沖縄	82（14.7）	36（15.4）	99（14.9）	94（12.3）

　最後に利用者の年齢構成上の変化を検討しておこう（表2-5）。公表された数値を「40歳以下」「41歳以上60歳以下」「61歳以上」の3区分に再編しそれらの推移をみてみた。まず、「40歳以下」では第1回では400票台であったが、第2回では200票台に後退し、第3、4回では300票台で推移している。利用者の年齢層としては常に最も多い。ただし、構成比は回を重ねるごとに低下している。第1回では70％台であったが、第2回には60％台、第3回以降は50％台になっている。

表 2-5　年齢層別利用者数の変化

年齢層＼回	1	2	3	4
40歳以下	405（72.5）	232（63.9）	361（54.3）	387（50.5）
41歳以上60歳以下	152（27.2）	120（33.1）	240（36.1）	315（41.1）
61歳以上	2（ 0.4）	11（ 3.3）	39（ 5.8）	65（ 8.5）

　次に「41歳以上60歳以下」では第1、2回では100票台であったが、第3回には200票台、第4回には300票台で「40歳以下」層に近づく伸びを示している。構成比でも「41歳以上60歳以下」の第1回は20％台であったのが、第2回以降30％台、第4回には40％台になっている。この年齢層における利用者の増大は年齢層の移動に伴う増加のなしとはしないが、それ以上に同一年齢層内からの新規の利用者増加の影響が反映されているとも考えられる。

　さらに、「61歳以上」では第1回では僅少であったが、第2回には10票台、

第3回には30台、第4回には60票台となり利用者の伸びでは他の年齢層を上回っている。また構成比でも第2回には3%台、第3回には5%台、第4回は8%台と構成比を拡大している。

　ここまでの、インターネット利用者の属性に関する分析から、最近のインターネット利用者の趨勢をまとめておこう。

　まず、性別に関しては、女性への利用の浸透が著しいことがわかった。さらに、地域別にみると、大都市圏、中でも首都圏を中心とした圏域への集中が顕著になっていることが明らかになった。

　そして、年齢構成を検討した結果では、中高年層へのインターネット利用の拡大が急速な進展をみていることを示している。特に、数こそ少ないものの、いわばリタイア一層と考えられる60歳以上の伸びには留意する必要があろう。

　団塊の世代が第2の人生を迎えつつある現段階にあって観光需要も質的な変容に迫られつつあることを前提に市場対応を考えることになろう。

（2）　仮想空間における観光地の競争

　アンケートの設問に、「奈良の好きなところ」と「嫌いなところ」の項目がある。この部分は自由記述になっている。そこに記された内容を統計的に利用するために、次に述べるような処理を行った。まず、「好き」「嫌い」を表現するキーワードを選定し、それらを好嫌それぞれ3つの事項に分類した。これらのキーワードを回答された文章の中から見つけだし、出現回数を事項ごとにまとめて示し、「好きなところ」を「強み」、「嫌いなところ」を「弱み」と置き換えて考えてみた。

　まず、表2-6によって、奈良県観光の強みについて考えてみよう。これまでもたびたび指摘されているように、奈良県観光の強みの1つは重厚な歴史的環境を有することであろう。ただし、この点の指摘は第1、2、3回までは20件前後みられたものの、第4回では8件に減少している。次に自然についてである。奈良県は奈良市を中心とする北部には春日山、中部には吉野山、南部には紀伊山地というように自然環境にも恵まれている。また、それらが醸し出す四季折々の自然景観も奈良県観光の重要な構成要素である。ただ、この点に関し

表 2-6　奈良観光の強み

事項＼回	1	2	3	4
歴　史	17	21	18	8
自　然	11	8	6	3
佇まい	25	15	22	12
	50	37	41	21

注）それぞれの事項に含まれる関連語句は以下の通り。
歴　史：伝統、神社仏閣、古都、遺産遺跡、ルーツ、古、街並み、由緒
自　然：景色、季節、鹿、緑、気候
佇まい：のどか、和み、あたたかさ、のんびり、ふるさと

表 2-7　奈良観光の弱み

事項＼回	1	2	3	4
交　通	15	7	7	10
宿　泊	—	2	1	1
情　報	1	2	5	11
	50	35	29	30

注）それぞれの事項に含まれる関連語句は以下の通り。
交　通：新幹線、不便、渋滞、アクセス、足
宿　泊：ビジネスホテル
情　報：アピール、差別化、TV、CM、イメージ、案内、宣伝

ても歴史以上に評価件数が回を重ねるごとに少なくなっている。第 1 回こそ 10 件であったが、その後件数は 1 桁台でかつ、漸減傾向が続いている。そして、上述した歴史性や自然環境にふれることによって生じる安堵感のようなものへの評価は比較的高い。この点を「佇まい」に置き換えて考えてみると、それぞれの回によって若干の変動はあるが、10 件台から 20 件台で推移している。

　これらのことから奈良県観光の強みは歴史性や自然の個別的な作用ではなく、それらの醸し出す複合的な環境として評価はされるのではなかろうか。また、「歴史」「自然」の評価件数の減少傾向はそれぞれ単独では強みを発揮しにくいということを示していると考えられる。

　奈良県観光の弱点について検討してみよう（表 2-7）。まず、「交通」に関する事項である。第 1、4 回は 2 桁台、第 2、3 回は 1 桁台であるが相対的に関心の高い事項である。大都市からの時間距離の長さ、県内の観光地の交通渋滞の指摘が多い。次に「宿泊」についてであるが、この項に関しては指摘がほとんどない。この点は、宿泊に関する注文がないのではなく、むしろ宿泊観光地としての認識が弱いと考えた方がよいのではなかろうか。日帰り観光地としての理解に立てば、なおさら上述の交通の問題に関心が高まるとも考えられる。「情報」、この事項は回を重ねるごとに増加し第 4 回には 2 桁台になっている。

表 2-8　国内競合観光地（2003 年）

順位	都道府県名	人（％）
1	京都府	207（28.9）
2	北海道	113（15.8）
3	奈良県	97（13.5）
4	沖縄県	56（ 7.8）
5	東京都	33（ 4.6）
6	長野県	24（ 3.3）
7	静岡県	20（ 2.8）
8	神奈川県	16（ 2.2）
9	広島県	12（ 1.6）
	長崎県	12（ 1.6）

観光客の情報取得手段が多様化している現段階にあって、情報提供の在り方に一層の工夫を求められているということの現れと捉えてよいのではなかろうか。

訪れたい都道府県の選好順位についてみておこう。上位10都道府県を表2-8に示すと、1位は京都府で唯一200人台である。奈良県は3位に位置している。上下を北海道と沖縄県に挟まれており、これら道府県が50人以上の選好を示している。構成比においても、京都府が4分の1以上を占めている。北海道と奈良県が10％台、さらに、沖縄県が8％弱で続いている。5％以上の道府県はこれらのみである。5位から8位までを眺めてみると、東京都とその周辺の諸県であることがわかる。東京都はそのものが巨大な集客力をもつ観光地であるし、長野県は軽井沢、静岡県は伊豆、神奈川県は箱根というように首都圏の主要な観光地を有する諸県である。この点はアンケートの回答者の中で「関東甲信越」の居住者が最も多いこととも関連していると考えられる。

（3）　観光地のイメージと認知状況

「奈良」という言葉から連想する単語を問うた設問を基にして、「奈良」がどのようなイメージで受けとめられているのかを表2-9から考えてみよう。この表には示していないが、アンケートの集計結果をみると、第1回から第4回まで一貫して大仏が第1位、鹿が第2位である。中でも前者は全ての回答に占める割合でも30％台の後半から40％台となっており高い関心を示していることがわかる。さらに第3、4位には東大寺、法隆寺といった世界遺産に登録されている寺院や、神社仏閣、古都といった概括的な言葉が登場している。

本項の目的はアンケートに示された個別の単語の出現頻度を考察することではなく、利用者の関心の趨勢を把握することにある。その観点から、上位10位までに挙げられたものを3つの語群に整理した。それらは表2-9の注に

表 2-9 「奈良」から連想する言葉

語群＼回	1	2	3	4
A	352（63.1）	225（62.0）	510（76.7）	536（70.4）
B	24（4.3）	16（4.4）	30（4.5）	48（ 6.3）
C	95（17.0）	50（13.8）	59（8.9）	145（19.1）
ＡＢＣ計	471（84.4）	291（80.1）	599（90.1）	729（95.8）
総　計	558	363	665	761

注）語群Ａ：大仏、鹿、東大寺、若草山、鹿せんべい、奈良公園
　　語群Ｂ：法隆寺
　　語群Ｃ：寺社仏閣、古都、修学旅行、奈良漬、ふるさと（故郷）、歴史

記したものがそれである。

　まず「語群Ａ」は奈良市内、中でも奈良公園を中心にみられる文化財や歴史的景観であり、世界遺産にも登録されている、古都奈良の主要な構成要素でもある。「語群Ｂ」はわが国で最初に世界遺産に登録された法隆寺のみである。「語群Ｃ」は特定の場所や景観ではない。「寺社仏閣」「古都」「歴史」「ふるさと」のように奈良と不可分な修飾語、実体験から生じる「修学旅行」「奈良漬」といった言葉で構成されている。

　まず、総計に占めるＡＢＣ合計の変化をみておこう。第1回では400票台、第2回は300票弱と落ち込んだが、第3回は600票弱、第4回は700票台と伸びている。構成比をみてみると、一貫して80％以上という高率で推移している。第1、2回は80％台であったが、第3、4回は90％台になっている。語群Ａについて第1回から第4回までの変化を検討しておこう。まず、Ａはすべての回で圧倒的に多くなっている。語群Ａが上述した内容であるから、奈良のイメージの大宗が奈良公園とそれを構成する歴史的、文化的景観であるということがわかる。まず票数では、第1回が300票台、第2回は200票台に減少するものの、第3、4回では、500票台になることからもわかるように、利用者の関心の高さがうかがわれる。総計に対する構成比の変化をみると第1、2回は60％台であったが、第3、4回は70％台になっている。これまでの論述から奈良市内、中でも奈良公園周辺地域への関心の大きいことがわかる。

次ぎに語群Bについてみておこう。ここに収まっているのは、法隆寺のみであるからこの寺院が奈良のイメージとして代表される頻度を示している。第1回は20票台、第2回は10票台であるが、第3回、第4回はそれぞれ30票台、40票台と拡大している。構成比をみると、第1回から第3回まで4％台ではあるものの微増傾向を続けている。そして、第4回には6％台になっている。これらのことから、奈良のイメージとして世界遺産に登録されているこれらの歴史的文化遺産のインパクトが大きいことが想像される。

また、語群Cをみてみると、第1回は90票台であったが、第2、3回は50票台、第4回は100票台となっており、変化が大きい。ただ、構成比でみると、8％台から10％台後半を推移している。

こうした状況から、奈良県観光に関するイメージは奈良市内や法隆寺を日本の古都として、児童、生徒の時代に校外活動で1度は訪れた、なつかしい場所として認識されていると考えられる。

さらに、第3回と第4回のアンケートでは、奈良のイメージを尋ねる設問に加えて、訪れてみたい観光地の名称も質問項目として設定してある。回答は、個別の名称でなされているが、上位10位までにあがったものをあらためて3つの地域にまとめてみたのが表2-10である。この表の中で地域Iについてみてみると、第3、4回とも300票前後であり、3地域の中では最も多い。そして、ここにまとめられた観光地が奈良市内およびその近隣の観光地である。これらは先の表2-9の語群A、Bに整理された地名と合致している。その意味では、奈良県観光にとって奈良市とその周辺の観光地が極めて重要な位置にあると考えられる。

表2-10 訪れてみたい観光地

地域＼回	3	4
I	291 (51.7)	315 (45.6)
II	114 (20.2)	110 (15.9)
III	11 (2.0)	46 (6.7)
3地域計	416 (73.9)	471 (68.2)
総　計	563	691

注）地域Iは東大寺、奈良公園、若草山、平城宮跡、唐招提寺、薬師寺、春日大社、興福寺、法隆寺。地域IIは明日香、飛鳥寺、キトラ古墳、室生寺、長谷寺。地域IIIは十津川温泉、谷瀬のつり橋。

前述したように奈良市は奈良県観光にとって密接不可分な存在であることは言うまでもない。ただ

し、奈良市のみをもって奈良県の観光と理解されているわけではない。例えば、表2-10で地域Ⅱに分類された地域の存在である。これらの地域の中で、明日香村は古代史の舞台としての奈良県の存在への関心としてとらえることができる。そして、室生寺、長谷寺と並んで、奈良盆地南部の観光の重要なポイントでもある。地域Ⅰの半分以下ではあるが、地域Ⅱを訪れてみたいと考える人々が100票台で一定していることからもわかる。

　最後に奈良県観光の多様性への認識の深化についても論究しておこう。表2-10の地域Ⅲに注目されたい。奈良県南部の観光地への関心の高まりを読み取ることができよう。日本全国でも最も面積の広い十津川村の観光地が記されている。Ⅲ地域は第3回ではやっと10票台に届く程度であったが、第4回では40票台に増加している。構成比でも2％から6％台後半へと拡大している。第3回と第4回を比較すると、地域Ⅰ、地域Ⅱ共に構成比をそれぞれ50％台から40％台へ、20％台から10％台へと減じている。この点は、奈良観光の関心が奈良市内や明日香にとどまらず山間地域へと拡大している状況を示していると考えてよいのではないだろうか。

　産業構造の高度化にともないサービス業の成長が指摘されて久しい。そして、閉塞状態の日本経済の救世主との役割をも期待されている。農業や鉱工業は需要と供給とが時間的（空間的）に異なった次元で進行しているのに対して、サービス業は需要と供給が同時進行であるだけに、集積の利益が求められる。したがって、経済のサービス化・ソフト化の恩恵に浴するのは大都市（圏）居住者であって、地方との格差はますます拡大するとの懸念もある。

　本節における分析結果をみても、確かにインターネットの利用件数は実際の人口規模に優るとも劣らない規模の大都市圏への集中状態を示している。この点に関してみれば情報サービスの利用と供給が大都市圏へと集まっていると把握される。だからこそ、リピーターの確保可能な持続的な観光地として存続するためには、都市在住の消費者からの高度で複雑な需要への対応はおろそかにできない。この点では、インターナショナルレベルの観光地を有する奈良県にあっても例外ではない。アンケートからも明らかになったが「賑やかさがない」という一方で「静けさが欲しい」というように同時進行状態の相反する要

求への対応を工夫する必要も生じる。

　これまで検討したように、奈良県の観光地、中でも奈良市とその近隣の観光地の知名度は抜群である。さらに古代史ブームも追い風となって明日香周辺の観光地も根強い人気がある。そして県南部へも関心が拡大している。しかし、関心があるということが観光行動にとっての重要な契機となることは確かであるが、実際の観光行動を保証するものではない。さらに、インターネットの利用によって異なる観光地の情報を同時に比較可能な状態にある。訪れたい都道府県においてもわかるように、遠距離の観光地が競争関係になるのである。

　大都市の影響圏は拡大の一途である。それに大きくかかわっているのが情報通信技術の発展である。大都市圏居住者の関心の多様化に対応した観光地情報発信とその環境整備が、新たな段階に差し掛かった地域間競争の中で求められている。

第3章

農山村の観光と都市生活

第1節 農村における農業と観光

（1） 農業構造の変化と作物

　農業、農村に関する研究成果は、地理学の分野に関しても枚挙に暇がないが、筆者による研究成果としては小松原尚（1992）がある。この中で、基幹産業である農業の衰退に合わせ産業不振地域となった農業地域を国土利用上のアンバランスによって生じた過疎・過密問題の中で位置付けた。そして、農業地域の形成と変貌のメカニズムをチューネン理論と地域区分論の側面からの考察を踏まえ、農業地域の過疎問題研究は一国の国土利用の在り方の問題として論じられる性格のものであるという地理学における理論的研究の展望を示した。

　農村における観光への期待は相変わらず根強い。しかしその含意はこれまでの「観光信仰」とは異なっているはずである。なぜなら行財政改革の中で中央政府から地方圏への財政資金の先細りの中でのものだからである。この流れは国土利用や地域政策のあり方を考える枠組みも大きく変えている。これまで地域振興の切り札の1つと考えられてきた観光も例外ではない。そのあり方に対する新たな課題に応えるために、農村における観光サービスの供給者、当事者、いわば観光の着地点の側から、様々な取組みの工夫がなされている。

　近年の傾向の1つとして、これまで以上に現地の歴史や文物を整理して、現地で暮らす人々自らが、その価値を認識するとこの重要性が再認識されつつある。このことはしっかりと考慮する必要があろう。そこで暮らす人々にとっては当たり前の事でも他者の観点からみるとそこでしか得られない情報や体験に

なりうるということに他ならない。そのような動向を踏まえると、観光はその地域の産業、特に農村にあっては農業との関連性を重視する必要がある。

そこで本節では、事例地域として、従来からディスティネーションキャンペーンを積極的に展開している北海道を取り上げ上記の課題に接近を図りたい。まず、オホーツク地域における開拓と農産物の変遷について、わが国における農業構造の変化も踏まえつつ論及する。ここは縁辺地域にはあるが道内はもとより本州からも観光的関心が高いと考えられるからである。

なお、当該地域の歴史研究は「郷土史」をはじめとして様々な先行研究の成果が公刊されている。北見市に関するものとしては安藤武雄（1957）、遠田恭行編（1979）、北見市史編さん委員会編（1981）の3篇を参考にした。

北見市の前身は野付牛町（1916年町制施行）、1942年の市制施行と同時に現在の名称となった。野付牛とは野のはしを意味するアイヌコタン（集落）の名称である。常呂川、無加川そして訓子府川の氾濫原に開拓の鍬がはいったのは1897年のことであった。野付牛への屯田兵大隊本部設置と屯田兵募集が始まり、網走から水陸路を経由してこの地に開拓の礎を築いたのである。そして、屯田兵を顕彰する目的で製作された人形が、現在も北見市内の信善光寺に保存されている。1923（大正12）年に当寺の庵主吉田信静尼の発案で名古屋の人形師に作らせたものである。全75体の中で5体が市内の博物館にも展示されている（北見市商工観光課資料）。

同じ時期に屯田兵と並んで高知から北光社の人々が入植を開始した。当初畑作中心だった当地の農業も米作への準備が進行した。また、北光社でも1898（明治31）年から稲作の試験研究が繰り返された。

1911（大正元）年、池田・野付牛間の鉄道開通後かつての旧市街から駅前を中心に新たな市街地が形成されていった。1916（大正5）年帝国製麻によって設立された製麻工場が創業を開始、経済不況下の合理化と原料である亜麻の確保の困難から1928年に工場は閉鎖された。原料不足とはハッカ栽培への関心が依然強かったことと、米作の台頭による。

図3-1は北見市のこれまでの発展過程を考えるためにとりあげた農作物である。それらの中で水稲は1920年代から次第に定着したと考えられるので、

1921（大正10）年からの推移をあとづけておこう。1921年には100haにも満たなかった（39ha）が、4年後には800haへ、1930年には2,000haを上回っている。1940年代、第2次世界大戦中の労働力と生産資材の不足による農業生産力の低下により、1945年には1,500ha以下に落ちこんだが1950年には再び2,000ha台に回復し、1970年までこの水準を維持している。

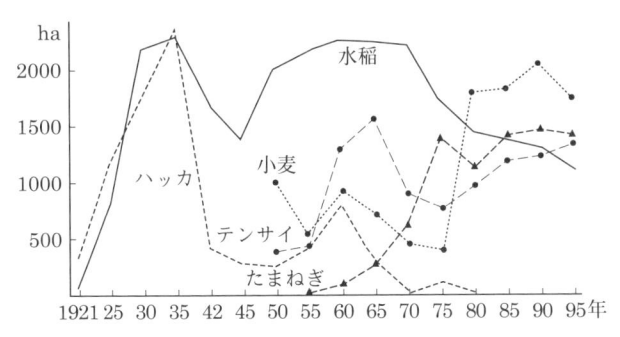

図 3-1　主要栽培作物面積の変化
（『市町村別主要作物累年統計表』などより作成）

　高度成長期には、北見には製麻工場の跡に地元の産品活用になる木材工場、西隣にはパルプ工場、そして北にハッカ工場、やや離れて北東方向には乳業工場が立地し、オホーツク圏域における農林産物の集積拠点としての役割を果たした。

　1973年から開始されたコメ生産調整の結果、稲作限界地帯の水田は後退していった。1980年には1,500haを下回り、1995年には1,000ha台までに落ち込んでいる。北光社本部跡に近いところに「北見水田発祥の地」の碑があるが、その背後の水田も1998年に畦畔が取り払われ牧草が植えられた。時代の流れを象徴したひとこまである。

　減反に呼応して栽培面積を著しく伸ばしたのがたまねぎである。1975年には1970年に対して2倍以上に栽培面積を伸ばし、1985年以降1,500ha弱で推移し、水稲の面積を上回っている。この間、「北見」産のたまねぎは全国的にもブランドとして定着し、日本一の生産量をあげている。1995年時点で栽

培面積が1,000haを上回る畑作物はたまねぎの他に、小麦、牧草、てんさいである。図3-1では牧草以外の作物を1950年から5年ごとにその変化をみてみよう。

小麦は1950年には1,000haを上回っていたが、穀物自由化の進展にともない栽培面積を減じた。しかし、水田転作の恒常化により1980年以降、水稲面積を上回り、2,000ha前後を推移している。水稲作の困難な地域での作物として生産されたてんさいは、1960年には1,000haを上回り水稲に次ぐ面積を記録している。高度成長期に生産量を伸ばすものの貿易自由化の影響で、1965年の1,500haを境に面積を減じた。しかし、水田転作の拡大により再び拡大し、1975年以降増加を続け、1985年には再び1,000haを超えている。北見にはてんさい糖の精製の工場が立地しており、集散と加工の中心地となっている。

19世紀末から湧別方面より栽培の普及してきたハッカは北見においては、図3-1に示したように1921年には300ha余りだったのが1925年には1,000haを上回り、1930年には1,800ha、1935年には2,400haと飛躍的に伸びている。この間、1930年を別にすればいずれの年も水稲の面積を上回っている。ハッカ景気という言葉があるように北見のハッカはかつては世界のハッカ市場で影響力を及ぼした時代があった。その背景には栽培技術の研究を進め、かつての生産地域である岡山、山形から株と技術導入をはかったこと。夏の高温期と乾燥した気候がハッカの栽培に適していたことのほかに、少量で高価格をもたらすので運賃負担力を有する加工品であり、遠隔地ゆえ市場までの時間距離を要するこの地域には経済的に適していたためと考えられる。

北見のハッカは絶え間ない技術革新により高品質、低価格を志向し、戦後も1960年代に復興をみたが、石油化学工業の発達で安価なペパーミントの生産が可能になると市場価値を失ってしまった。駅裏、つまり駅の南東部（鉄南地区）にあったハッカ工場は1983年に閉鎖、かつて事務所として使われていた建物は「北見ハッカ記念館」として保存、市の観光施設の1つになっている。

これまでの町づくりに一石を投じたのがオホーツクビアファクトリーである。規制緩和政策の一環として、1994年酒造法改正でビールの小規模製造業

者の設立が可能になったのをうけて、1995年に国内第1号の「地ビール製造免許」を得て開設されたメーカーである。建設会社を経営するオーナーがヨーロッパ視察での経験をふまえて、まちづくりと地ビールづくりとを重ね合わせたのである。年間10万人が来店し北見のまちに定着している。

(2) スキー観光地と農業

次に、羊蹄・ニセコ地域に論及しておきたい。この地域は札幌都市圏における観光レクリエーション機能を担い、千歳空港からも時間距離が近く、北海道外からの観光需要の吸収も期待されている。そして、北海道における2つ目のリゾート地域の指定もうけ、スキー観光地としてインターナショナルな知名度を有している。そして、それを活用したイメージ戦略によって農産物の需要の拡大を模索している。その状況をここにおける農業的特産物の生産の歴史過程も踏まえつつ検討する。

なお、観光地理学全般にかかわる古典的研究成果としては浅香幸雄・山村順次(1974)がある。また、農村とスキー観光とのかかわりに関したものは、白坂蕃(1982)や呉羽正昭(1991)のように集落研究との関連で論じられることが多かった。さらにその系論として池俊介(1986)はゲレンデの確保と村落共同体の共有財産である入会林野の活用との関係に関心を向けている。

さて、第4次全国総合開発計画は金融の自由化、経済の国際化、産業構造の情報化の進展による東京一極集中現象に直面した1980年代後半に策定をみた計画である。この4全総はこの現状を肯定し、東京一極集中の利点を踏まえつつ流動・流通網、いわゆるネットワークの整備により地域間相互の交流を活発化し多極分散型国土形成を目指しており、従来の計画が東京集中を否定し、施設設備の分散を目標としていたのに比べ、大きな特徴となった。

4全総に関する文献は様々な研究分野からの研究成果がみられる。計画そのものに関しては国土庁計画・調整局(1989a、1989b)において明らかにされており、さらに主管庁のスタッフによる解説書としては国土庁計画・調整局4全総研究会(1987)があり、さらに柳沢勝(1991)は行政官の視角からの全総へのコメントが記されている。また、平本一雄(1990)はシンクタンクにお

いて開発計画にかかわった経験を踏まえた「全総」論である。

　農業の衰退、若年層の村外流出と高齢化、国土の農業的土地利用度の低下による地域社会の崩壊現象といった過疎問題への対応に追われている農村にあっても、食糧生産やリクリエーションの場、恵まれた自然環境を都市住民に印象づけることにより、地域間の交流を拡大し、地域活性化につなげる努力がみられる。本稿ではこれまでの市町村における実践例を主として役場発行の要覧を基礎資料としながら整理する。要覧を資料としたのは入手が比較的容易であること、町村の現状を適確にまとめられたものであることによる。なお、参照した要覧やパンフレット類は次の通りである。「NISEKO EXPRESS Vol.6」ニセコ山系観光連絡協議会。「えぞ富士・羊蹄山」羊蹄山避難小屋連絡協議会。「真狩 1991 村勢要覧」。「四季の里・留寿都村」留寿都村・留寿都村観光協会。「きもべつ」喜茂別町役場・喜茂別町観光協会。「きょうごく」京極町・京極町観光協会（役場企画室）。「名水の里ふきだし公園・名水プラザ」ふきだし物産株式会社。上記のほかに「北海道新聞」の記事、「第 21 回俱知安大会巡検羊蹄山麓周辺資料」北海道地理教育研究会も参考にした。また、羊蹄山麓地域は図 3-2 に示した 6 か町村である。この地域を対象に選んだのは地域内に国立公園と国定公園を抱えていること、千歳空港や 150 万都市・札幌からも車で 2 時間と比較的近距離であることから、4 全総にある「都市等との交流を通じた活性化」を検討するうえで恰好の素材であると判断したからである。また、これらの町村は俱知安・真狩を中心にその後、分村をへて現在に至っている歴史的経過も踏まえて一連の対象地域とした。

　留寿都原野は火山灰性の土壌が広く分布しているので、開拓当初から畑地が展開していた。1894（明治 27）年に虻田・札幌間の道路改修、1904（明治 37）年に函館・小樽間の鉄道開通を契機として農産物の販路も一層広がったので、亜麻、バレイショなど加工用の原料となる作物の生産が拡大していった。加工用原料としてのバレイショ生産は澱粉製造技術の確立をみた今世紀の初め頃から本格化し、10〜20ha 以上もの澱粉原料用バレイショのみを連作する澱粉師と呼ばれる人々も輩出し、1910 年代の中頃には道内の主要産地の 1 つとなっていった。バレイショ連作の結果、地力減耗と病虫害が頻発し、過燐酸石灰や大

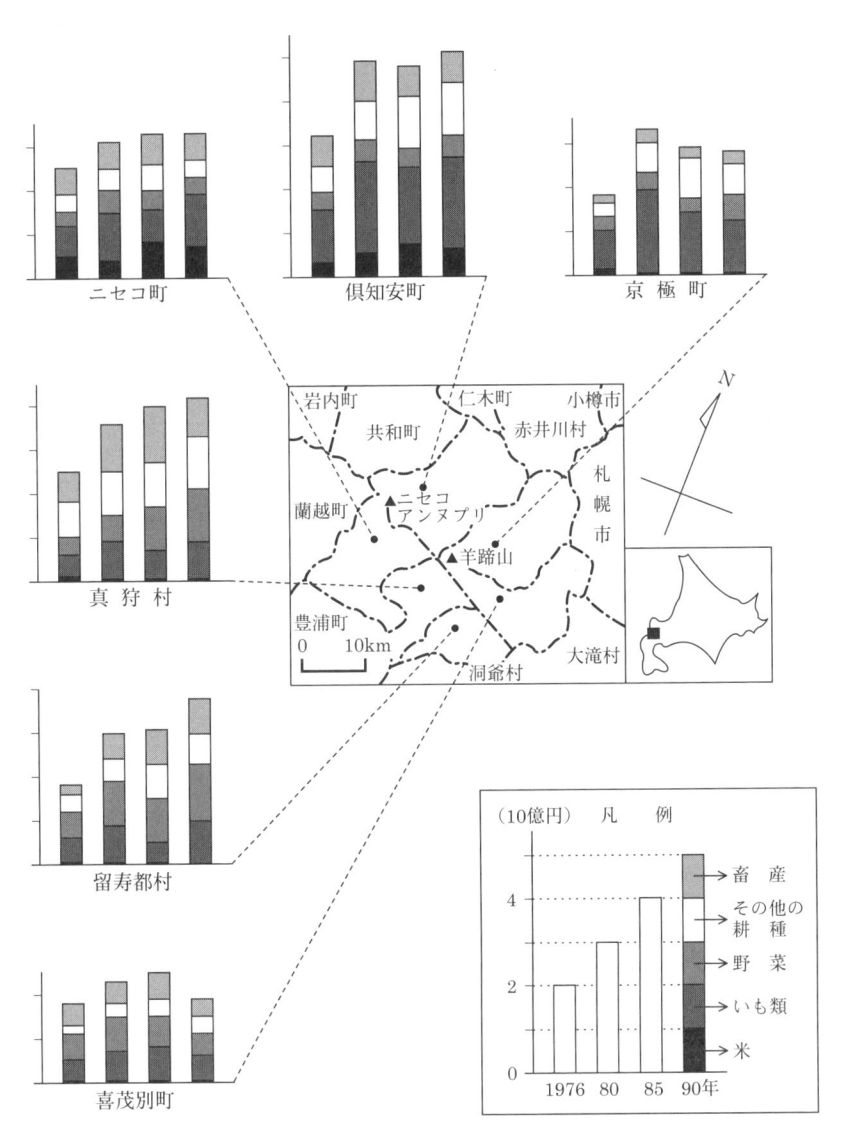

図 3-2 羊蹄山麓地域における町村別農業粗生産額の推移
(『北海道農林水産統計年報・農業統計市町村別編』より作成)

豆粕などの金肥を大量に投入しても収穫量は減少し続けた。しかも1930年代前後の経済的混乱によって農業経営も大きな打撃を受け、金肥の購入代金にも不足をきたした。施肥技術の改善とともに新品種への切替えも検討され、1933年ドイツ系の赤いバレイショの優良株の増殖に成功した。単位面積当たりの収穫量、澱粉含有量ともに他に抜きん出ていたので、1936年には全村で栽培されるようになった。1938年には優良品種の指定を受け、形と色にちなんで「紅丸」と命名され、現在もなお日本産品種の代表の1つとされている。

1972年、紅丸薯発祥之地顕彰記念碑建立期成会によって碑が建立された。碑文には、「紅丸」の種イモを北海道農事試験場長安孫子孝次がドイツで入手したこと、種芸部馬鈴薯育種主任宮沢春水が1929年に品種交配して「本育309号」を生み出した後、試験場の吉野至徳、山崎俊次、農林省技師田口啓作らが育種に協力、優良品種に指定された経過が詳細に記されている。さらに太平洋戦争当時の食糧難に際し、10a当たり6t以上も増収でき、国民の飢えを救った業績などもつづられている（留寿都村史編集委員会、1969）。

「男爵イモ」が京極町に初めて作付けされたのは1925年のことである。当時はまだ町内に扱う業者がいなかったので倶知安まで持って行き販売したという。他のバレイショに比べて2倍以上の大きさと、冷害にも強いことから、1928年に「男爵イモ」として農事試験場から優良限定品種の指定を受けた後、本格的に普及した。

「男爵イモ」は原名をアイリッシュ・コブラーといい、ナス科バレイショ属の1種である。道内には1907年に川田竜吉男爵がイギリスのサットン商会から輸入し、自分の農場に植えさせたのが始まりとされている。

それまで京極の農産物といえば大豆をはじめ豆類が主であったが、豊凶差が激しく農家経営は不安定であったので、それに代わる作物として定着した。1930年当時、約1000戸あった農家の8割で栽培され作付面積も急激に拡大する。この地域は内陸性気候のため昼夜の温度差が大きく糖度の高いバレイショを収穫できる自然条件も備えていたので、生産量と農家収入も増大し、現在では主要作物作付面積の30%、図3-2にも示したように農業粗生産額の40%を占め、「京極じゃが」として東京や関西の市場で人気を得ている。

1924（大正3）年に岩内では実業家がアスパラガスの栽培を始め、缶詰工場を発足させた。しかし、岩内地方だけでは原料に不足をきたすため喜茂別の農民と長期にわたる栽培契約を結び原料確保にあたり、1929年に耕作が始まった。喜茂別は道内でも有数の豪雪地帯であり、2mにもおよぶ積雪がかえって保温の役割を果たし、冬季間の土壌の凍結を防ぎ、アスパラガスの越冬を助ける。また、軽くて柔らかい火山灰土壌が融雪後の地面の温度の上昇を早める。さらに昼夜の温度差が大きいので作物の糖度を高める。こういった自然条件と、1922（大正11）年から1927年まで村長の任にあった志賀勘治が村の窮状を打開し現金収入の途を確立するためアスパラガス導入に積極的であったことから、農家による栽培発祥の地となった。

1948年には町内に新たに缶詰会社が産声をあげ、「揺籃の地」を意味する「クレードル」の商標で日本国内のみならず海外にまで、喜茂別産アスパラガス缶詰は知れるようになった。さらに、近年は生食用のグリーンアスパラガスも5月中旬から1か月間「ふるさと小包」として全国発送されており、1.8kg入りのケースがこの期間中に3万ケースも発送され、この種の小包の取扱量としては全国一を誇っている。

羊蹄山麓地域における農業の展開過程は、先に述べたようにバレイショの産地としての確立のあゆみでもあった。しかし、アメリカをはじめ諸外国からの澱粉をはじめとする農産物自由化要求の中で、脱バレイショに向けての模索も続けられている。その試みとしてアスパラ生産と販路の拡大、生物工学の成果を応用したユリ根生産のシェアーの増大は注目される。

真狩村の土壌は洞爺カルデラの噴出物を主とし、風化が進んで有機質に富みかつ透水性もあるので畑作に適している。気候は羊蹄山の南麓にあるため風力は比較的弱いが、寒気は厳しい。暖気期の平均気温は14℃、寒候期の平均気温は−3℃であり、降水量は1,400mmである。積雪は多いが春先は温暖であるから融雪を早めるために散土作業を行っている。畑作物の中心は開拓当初からバレイショであったが、今ではユリ根がとってかわっている。真狩村でユリ根の生産組合が組織されたのは1966年、その後順調に生産量を拡大し1987年には食用ユリ640t、花ユリ500万球で全国一（20％のシェアー）のユリ根産

地に成長した。この背景には1982年から農協が茎頂点培養施設を導入し、バイオテクノロジーの成果を利用し、無菌状態の苗で高品質のユリを生産できることがある。農協のみならず、高校、農水省種苗管理センター、農業振興センターが一体となって生物工学の先端技術を取り入れたことが図3-2に示したような農業粗生産額の向上につながっている。

　日本経済の高度成長期に過疎化の進行をみた当地域にとって、1970年代以降本格化する留寿都村におけるスキー観光の活発化は、この時期には過疎化の歯止めに一定の効果をもたらしたと考えられる。すなわち、1960年代から1980年代まで一貫して減少していた村の人口が1980年代後半からは安定化に向かい、その後微増傾向にあった。こうした中で、観光地としての知名度を活用し農産物や特産物の販路を広げ、地域の新たな資源の掘り起こしを行い、様々なイベントによって新たな交流機会を創出していることが地域活性化にどのように結び付くのだろうか。

　留寿都村における観光開発は1972年に札幌に本社のある観光関連企業による橇負山（西山・標高715m）山腹のスキー場開設に始まる。1983年には山麓に多くの遊具施設を備えた遊園地を開園し、一年を通じて楽しめるレジャーセンターとなった。さらに国道230号線を挟んで東側にある貫気別山（イゾラ山・標高994m）と「東山」（標高868m）の斜面を利用してスキー場が開設されている。この他にテニスコート、各種プールや乗馬コース、大規模な宿泊施設と会議場そしてゴルフ場を備えた、八ノ原から泉川地区にかけての総合リゾート地域になっている。ここを訪れる観光客は全国にわたっており、その知名度を農産物販売にも利用、留寿都村農協の主導により「ルスツ高原野菜」のブランドでダイコンを全国に向けて販売し、これまでの村の看板だったバレイショ、テンサイ、アスパラガス、豆類といった作物に取って代わっていった（図3-2）。

　図3-3はニセコ山系におけるスキー場の分布を示したものである。この地域が今日のようなゲレンデスキーのメッカへと変身するのは1966年ニセコ国際モイワスキー場（図3-3⑥）の開設を見てからのことである。1972年にはニセコアンヌプリ国際スキー場（図3-3⑤）が利用に供されるようになり全国規模の大

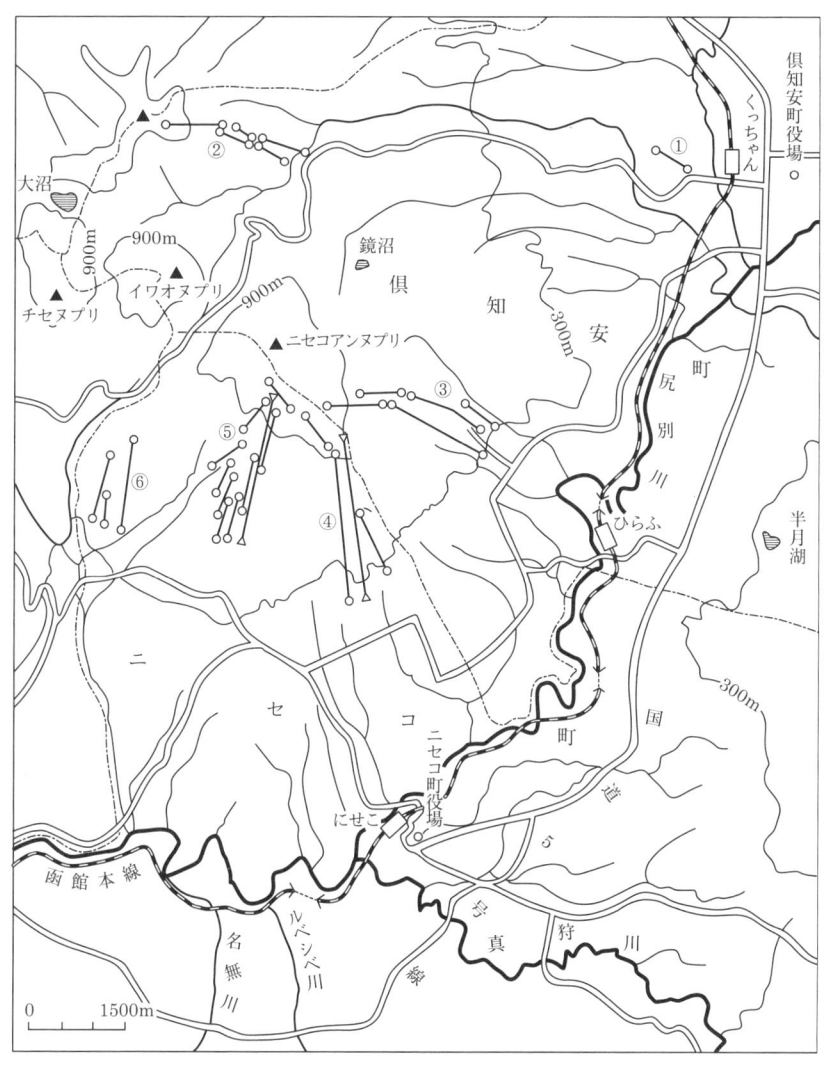

第3章 農山村の観光と都市生活 109

①旭ヶ丘スキー場　　　　④ニセコ東山スキー場
②ニセコワイススキー場　⑤ニセコアンヌプリ国際スキー場
③ニセコ国際ひらふスキー場　⑥ニセコ国際モイワスキー場
○────○ リフト　　　▷────◁ ゴンドラ

図3-3　ニセコ山系におけるスキー場の配置
(『北海道道路地図帳』昭文社(1990年)より作成)

会の開催を数多く手掛けたことで、スキーのメッカとしてのニセコ町のイメージが定着する。また、1973年に倶知安町は全国にも例のない「スキーの町宣言」をしている。

倶知安町内のスキー場は3つ、旭ヶ丘スキー場（図3-3①）、国設ニセコワイススキー場（図3-3②）、ニセコ国際ひらふスキー場（図3-3③）がそれである。これらの中で、旭ヶ丘スキー場は既に述べたように日本のスキーの原点となった場所の1つであるが、近隣のスキー場が整備されるにつれて利用者が減少し、1984年には5万人台となりリフトの運行を中止した時期もあった。そこで夜間照明やロープトウを整備して、倶知安の市街地から歩いて10分という立地条件を生かし、家族連れや初心者の利用に供している。また、ジャンプ台やクロスカントリースキーのコースも設置されている。また、ニセコ国際ひらふスキー場はニセコアンヌプリの東斜面に位置し、リフトを運行する2社によってリフトの到達標高、ナイター施設そして輸送力の面で熾烈な競争が展開されている。両社を合わせるとリフトは19基、4人乗りゴンドラ一基ですべての利用回数を合計するとおよそ530万回になる。仮に1人10回乗ったと計算すると1シーズンに50万人のスキーヤーが訪れたことになる。この町の経済への波及効果は50億円とも100億円とも見積もられ、全道一のスケールを誇っている。

ニセコ町でも1980年代後半からそれまでのスキー中心から通年リゾートへと観光開発の流れに変化が見られるようになった。1982年にはニセコ東山スキー場の開設をみ、東山温泉と直結した。また、蘭越町との境界近くにあり、古くから人気の高い五色温泉郷と南斜面のニセコ国際モイワスキー場（図3-3⑥）とを高速リフトでつなぐスキーコースの構想、さらに役場のある市街地とスキー場を結ぶ全長380m、地上35mのニセコ大橋が1992年に完成した。

倶知安町は1964年スイスのサンモリッツ市と姉妹都市提携を結んだ。サンモリッツ市はスイスの東部、イタリアとの国境近くに位置し、高級リゾートのある国際観光都市であるとともに、過去に冬季オリンピック大会を2度開催し、ウィンタースポーツのメッカでもある。1988年には倶知安町の親善使節団がサンモリッツ市を訪れ歓迎を受けている。そして1989年に提携25周年を迎え

るのを機に一層交流を活発化させようとしている。サンモリッツの名前を冠したリフトや団地そして姉妹都市両方の名前を染め抜いたシンボル旗やTシャツ、トレーナーといったサンモリッツグッズが多いのもこうした背景がある。

　スイス的な雰囲気を盛り上げるのが「アルプホルンの里づくり構想」である。スイスの超大型民族楽器であるアルプホルンによる「アルプス音楽隊」を編成し、芸能や文化の側面からも交流を深めようというのがこのねらいである。1990年までに10本のアルプホルンと民族衣装の購入を終え、札幌交響楽団所属のホルン奏者の指導のもと、ペンションのオーナーなど町の有志が集まって練習に励んでいる。また、町では朝と夕方の6時にアルプホルンの奏でる調べを流し人々に時を告げている。

　また、ニセコ町でも9月に「ニセコカントリーフェスティバル」を町をあげて開催している。中でもニセコマラソン大会はメイン行事となっている。また、ニセコアンヌプリ国際スキー場のふもとにあるペンション街のオーナーたちによって組織された「ポテト共和国」は1984年2月に「独立宣言」、当初は9軒だった加盟ペンションも1991年には21軒になり、「閣僚」(ペンションのオーナー)たち自身の企画運営により、四季を通じてオリジナリティーあふれるイベントを開催している。

　一方で緑の減少や農業の衰退への懸念もある。ニセコ町ではこれまでの主産物だったバレイショに加えて、リゾートの町としてのイメージを生かしたキャベツ、ホウレン草、タマネギなどの高原野菜や観光農業を意識したメロンやスイカの生産に力を入れている。

　また、倶知安町では第2次世界大戦後の食糧難の時代にバレイショの増産を奨励し、作付面積の増大をみた。粗生産額においても最大割合を占め、そして現在は全国でも有数のバレイショ産地となっている。内陸性気候のため昼夜の寒暖差が大きく、また火山灰性土壌に覆われた自然条件が栽培に適していた。バレイショは片栗粉やオブラードに加工されており、特にオブラードの生産量は全国一である。8月上旬には「くっちゃんじゃがまつり」が催され、さらにイモが縁でサツマイモの発祥地である鹿児島県山川町との交流も深まっている。また、バレイショを原料としたオリジナルブランドの焼酎も生産されてい

る。

　バブル経済の崩壊後、これまでのリゾート開発に依存した地域活性化策も再検討を迫られている。また、今後様々な地域で類似のイベント企画や商品化が見られると考えられ、それらを克服しリピーターを確保するためにも地域における人材育成が重要になろう。例えば、真狩村では1981年、「生涯学習の村」を宣言し、地区ごとに「生涯教育振興会」を組織し、児童から高齢者まで全村民がいずれかの会に属して活動し、総合文化祭などの催しを実施している。さらに、村では学校教育も生涯教育の一環としてとらえ、社会教育と学校教育、特に高校とが相互依存の関係にありユニークな実践を行っている。また、1994年に開基100年を控え、芸術家が都会から移住し、廃校をアトリエとして利用し、創作活動する「工芸の里」構想も進められた。

（3）　農村における観光振興

　前世紀1980年代から1990年代にかけての観光開発の批判的検討を先行研究の成果に依拠しつつ試みる。こうした整理を経て、今世紀における観光地主体の観光を展望したい。

　2002年はエコ・ツーリズム年であった。近年、アグリ、グリーン、エコといった接頭語とともにツーリズムという言葉が使用されることが多い。山上徹・堀野正人ら（2001）によれば、これらのツーリズムは、オルタナティブ・ツーリズムという概念に集約される。それは、これまでの大規模開発や環境破壊を伴う観光に対するアンチテーゼとして対置されたものである。その中でエコ・ツーリズムは自然環境の保全を大前提とし、その大切さを理解するための観光形態である。

　こうした自然環境の保護・保全そして持続的な利用の立場からの研究も数多く発表されている。例えば、観光客の増加と国立公園の自然環境保護に関しては、北海道においては、渡辺悌二・古畑亜紀（1998）が大雪山国立公園における園地の利用に関して遊歩道の整備の目的を土壌浸食の防止や植生の保全に主眼をおき、公園の環境保全のためには入園料の徴収とその方法に工夫をこらす必要性について論じている。また、横山秀司（1998）は中部山岳国立公園では

立山黒部アルペンルートにおける道路など交通路中心の観光開発から、交通手段やホテルでの食材の加工、浴室用品の選定についてもきめ細かな対応がなされるようになりつつあることを報告している。さらに、漆原和子・吉野徳康・上原浩（1998）では、福島県の阿武隈高地にある、日本三大鐘乳洞の1つであるあぶくま洞を事例対象に、観光入洞者の増加に伴う洞内の二酸化炭素濃度の上昇によって、鐘乳石の溶食さらには入洞者に対する安全の問題にも論及されている。

　石原照敏（2000）はオルタナティブ・ツーリズムがマス・ツーリズムに対置されるものではなく、むしろマス・ツーリズムによって生じた環境破壊などの諸問題を改良するための手段としての役割を指摘している。さらに、観光地（生産者）と観光客（消費者）を結ぶマーケティングの役割を強調している。生産と消費が同時進行のサービス業である観光を考える上でこの観点は今後とも重要である。

　日本地理学会における共同研究の成果でもある、脇田武光・石原照敏編（1996）はエコ・ツーリズムを対象とした地理学的研究の現段階を知る上でも注目される文献である。ここに取上げられた先駆的な事例を検討してみると、概ね中枢・中核都市へのアクセスが2時間以内のものが多い。そして、財政事情の厳しい小都市や町村が、活性化策を地方の伝統的な産業や暮らしを活用した観光の中に見いだそうと、エコ・ツーリズムの場を提供する取組みが詳細かつ具体的に明らかにされている。

　例えば、林産資源を介した都市と農村の交流が成功した三重県内の山村である飯高町（石井雄二、1996）、滋賀県朽木村における大手新聞社の外郭団体による森林環境・自然教育活動の事例（秋山道雄、1996）、行政のなかでも首長のリーダーシップで管理放棄の拡大した里山を観光・レクリエーション資源化し、農林特産品販路拡大に結び付けた、特別豪雪地帯でもある新潟県黒川村の事例（中藤康俊、1996）、育成林業地であり準高冷地野菜産地でもある環境を観光と結び付けることに成功した愛媛県久万町の実践事例（篠原重則、1996）、過疎地域・山村振興地域・特別豪雪地域の福井県今庄町におけるふるさと創生事業などの制度資金や原発立地に伴う補助金を利用した冬季観光地の形成（北

村修二、1996)、町村の行政や農業団体が運営の母体となって農林業やリゾート経営を独立採算で営むという中山間地域の地域経営システムによる岡山県作東町小房和田地区（石原照敏、1996)、などの事例が紹介されている。

　以下に要点を示しておく。①豊富な地域の実態分析をベースに、ポスト・リゾート・フィーバー段階の重要な活性化策の1つとして、市町村長をはじめとした行政は構造改善事業などの各種制度資金を組合せ、農村地域活性化関連施設利用の建設をどのように具体化していくかに大きな関心をはらっている。同時に、②農村景観を観光資源化し、都市からの観光客を増やし、観光客への農産物販売を促すための、諸施設の活用にも予算獲得以上にリーダーシップを求められる。そして、③行政の適切なリーダーシップとともに、「行」と「民」とを結ぶ「公」的なものとして営農組合を位置づけ、地域形成の担い手層の組織化の重要性についても論じている。地域整備に加えて、④エコ・ツーリズムの観点から自然体験は、単なる施設利用促進策にとどまらず、地域の自然を積極的に利用可能な形態に整備し、非営利組織の活動と連動しつつ受入体制を整備することの重要性が具体的に示されている。さらに、⑤受入側と利用側との有機的なつながりをネットワーキングにより永続化していこうとする試みも示されている。

　必ずしも需要を見通したとは言い難いような農業関連施設設備投資は限られた農村内の利用料による資本回収は困難であり、財政圧迫要因の1つになっている。そこでクローズアップされたのが都市からの観光・レクリエーション需要を取り込む利用拡大策である。「エコ」や「アグリ」の追風を受け、農業灌漑用ダムと周辺の自然環境とを一体化したレクリエーション地としての利用を進めている。例えば、中谷朋昭・出村克彦（1997）は、北海道オホーツク地方のダム堰止湖を含む森林公園域に対して数理的計測方法によってこうした生産関連施設がレクリエーションの需要も創出していることを明らかにしている。

　これまでの研究の蓄積の中で必ずしも明確になっていないのは、観光の地域経済への波及効果の形成主体である利用者の実態の把握である。この点が今後エコ・ツーリズムを展望する上で重要となると考えられる。もちろんこれまで

の流動構造研究が希薄であったというわけではない。パーソントリップ調査を利用したものなど様々な視角からの研究（土木学会土木計画学研究委員会ほか、1998）がなされてはいる。けれどもこと観光客の流動構造ということになるとそれほど研究蓄積に恵まれているとは言いがたい。

　このことには、観光統計が計数上の数値の重複が著しいなど、その限界性によるところも大きい。この問題点を踏まえつつ、その利用のための工夫を示す必要がある。例えば、小松原尚（1997b）は、観光地における入込み数の増減比と合計値に占める構成比の増減比とを比較し、前者ではほとんどの地域が増加傾向を示すのに対し、後者の方法の場合、多くの地域に減少傾向がみられ、より問題となる地域を明確化できることを明らかにした。

　さらに、小松原尚（1998）では釧路湿原国立公園の利用者の流動構造を解明し、自然を求めて地域を訪れる観光客には、エコ的な流れとマス的なそれとがあり、その2者が相互に交換関係にあるということを論じている。

　北海道の自然環境は本州以南のそれとは大きく異なっている。それは北海道外からの観光客にとってはそこでしか体験できない希少性を秘めている。一方、北海道で暮らす人々にとってはそこの自然環境は暮らしを継続する上で時には克服しなければならない大きな壁との闘いであった。オホーツク沿岸から内陸部に向けての開拓史もその典型事例の1つであった。それを作物の変遷で辿ってみると、寒冷限界地においてもなお、稲作への執念を捨てきれず、夏季における限られた高温期にその収穫の成否をかける生産形態をとっている。また、その時々の需要動向に左右されつつも多様な畑作物生産を試み、時には世界市場を席巻する生産力を示した。さらには、規制緩和という風を読み醸造業への進出を試みた建設業者、こうした推移こそがこの地域の観光の重要なバックボーンになっていると考えられる。また、北海道内でも有数の豪雪地帯である羊蹄・ニセコ地域ではスキー観光地としての基盤整備を推進してきた。その結果、すでに「ニセコ」のネームバリューはインターナショナルレベルに比肩すると考えても良い。しかし、この現状にとどまることなく観光地としてのブランドイメージの向上をめざしているし、その知名度を利用した農産物の生産と販路拡大にも強い関心が払われている。

1980年代後半からのリゾートブームはわが国の観光地のあり方が大きく問われることになった。1980年代における計画となった4全総では、高次なサービスの集積拠点である東京に着目し、上位から下位へというサービスの関連性を都市階層化とともに関連付け、産業構造のサービス化への対応を図ろうとした。けれども、観光サービスに関しては、資源の創出を外部のエージェントに任せ、多額の費用をかけた割には、所期の成果には程遠く、近似したものが日本各地に出現するようなことにもなった。域外主導のこうした観光資源の開発は疑問視され、それが現実のものになかったことは本稿で紹介した先行研究によって実証されている。そして、このような問題点の打開策として、農村においては、観光を媒介とした産業と歴史、自然環境との調整、それに携わる人材養成、トップのリーダーシップの重要性が記されている。さらに、こうした組織化に加えて、十分な需要動向の把握とその方法論の確立によって素材の活用、地域の活性化が進行することも事例を踏まえつつ明らかにされた。

　戦後のわが国の地域政策においては、工場誘致による定住人口の誘導、観光・レクリエーション施設設備建設による交流人口の創出、いずれも捗々しくない。これまでの全総計画にあって国土の均衡ある発展を政策目標としたものの、十分な成果をあげられず、近似した目標の繰り返しに終始したのは、この課題がいかに解決困難なものであるかを物語っている。また、サービス経済の進展を踏まえ、これまでの全国総合開発計画とサービスとの関係を考えたとき、サービス集積への関心が払われたのは3全総からであった。いわゆる定住圏構想において、日常的なサービスの供給範囲を1つの圏域として規定し、人的定住、定着を図ろうとしたのであるが、より高次なサービスの提供範囲との関連性が不明確であるとともに、何よりもサービスが持つ生産と消費の同時性にともなう都市的集積の必要性が十分に検討されないままの計画であったため十分な成果を挙げられなかった。

　過疎問題に直面した農村にあって、そこで暮らす人々は、地域に根ざした立場からの観光推進体制の確立を求めている。同時に、これまで論じられてきたような都市と農村の二元論的な把握ではなく、都市圏の中における観光レクリ

エーション機能地域としての農村地域の位置付けをしっかりと考える必要がある。地域と産業とのかかわりが大きく変化している現段階にあって、こうした動向を視野に入れつつ地域政策の可能性を構築することが研究課題としても重要になっている。

第2節　都市生活者にとっての山間地域

(1)　都市研究の観光的視点

　現在、国民の7割以上は都市で生活している。このような都市生活者の山間地域への関心は、圏域、性別、年齢、職業を超えて高い。そうした人々は山間地域に対して、自らの日常生活とは異なった手付かずで、豊かな自然環境のなかでの休息や様々な体験活動への期待が大きい。また、山間地域に対する関心が希薄な人々にとっても温泉などでの心身のリフレッシュは大きな魅力となっている。

　最近の観光の側面からの都市研究としては、YAMASHITA Kiyomi（2003）が性格の異なる3都市を比較しながらそれらに共通に存在するチャイナタウンの存立形態と観光資源としての位置付けに論及している。また、淡野明彦（2003）は都市の視角からの観光研究の展望を示している。そして、石井雄二（2003）はグローバル化する東南アジアの観光地の中での大都市の重要性をバンコクをとりあげて論じ、神頭広好（2003）は都市の規模順位研究の成果を観光地研究への応用として試みている。SUZUKI Koshiro（2003）は都市をガイドブックの記述から検討したものとして興味深いし、滝波章弘（2003）は都市機能の中で重要な役割を担うものの1つであるホテルに着目している。

　20世紀最後の全総計画（「グランドデザイン」）にあって、かつての過疎地域にかわって多自然居住地域という地域の名称が登場した。このことは単に従来の過疎地域の読み替えを意味するものではない。停滞・縮小基調のわが国の産業構造にあって、これまで大都市圏からの財政資金の還流に依存していた山間地域にあって、当該地域の資源を活用し、従来の山間地域の産業と結びつける

形で新たな産業を再構成し、山間地域の自活を促そうとするものである。こうした試みの中で重要なのは、都市集積の利益の波及効果をどこまで山間地域において吸収できるかにある。換言すれば、都市機能の中に恵まれた自然環境を有する山間地域をどう位置づけるかという問題でもある。

都市研究の動向に関しては、都市圏研究が日常生活圏を中心に進展をみた。一方、山間地域における観光振興の研究業績も多い。しかし、都市圏の機能地域の一部として山間地域を位置づけ、観光・レクリエーション機能の側面からアプローチした成果は乏しい。

規模の大小、大都市圏か国土の周辺部か、様々な立地条件の違いはあるものの、地域振興のための各種制度資金を巧みに利用した観光施設の建設が盛んであるのはこうした背景と無関係ではない。奈良県にあっても積極的な公共投資が行われてきた。このような財政支出によって産業基盤を整備し、観光の発展による税収増加により、資本回収を企図したのである。ただし、ここで注意しなければならないのは、観光施設・設備の整備、観光客の増加、地域経済の浮揚という流れが必ずしも約束されたものではないということである。

（2） 山間地域の魅力

そこで、こうした課題に接近するために、都市住民アンケート調査を実施した。アンケートの質問内容は表3-1に示した通りである。都市生活者にとって、山間地域への関心を調査するために、3つの質問を設定した。質問番号1では、魅力の有無を問い、2で山間地域のイメージを考えてもらい、3は、宿泊観光地としての存立要素を抽出する意図で設けた。目的と概要は以下の通りである。すなわち、都市部に居住する人々を対象にして、自然環境を利用した観光開発を考えるために、都市生活者の山間部に対するイメージを明らかにすることを目的とした。調査の方法は、アンケート調査に回答可能な男女を調査協力者に選定してもらい、その方々に用紙を渡し、その後記入済の用紙を回収する標本収集法を採用した。調査期間は2002年7月15日から8月15日までであり、回収サンプル数は110件であった。

表3-1 アンケートの質問項目の構成

質問番号	質問事項	
1	山間の村や町に魅力を感じますか。	
2	「山間の村や町に対するイメージはどういったものでしょうか。下から1つ選んで下さい。」	
	a	秘境
	b	身内的感情
	c	不便
	d	教育によい環境
	e	第2の人生の場
	x	その他（具体的に）
3	山間の「町」や「村」に1泊以上で遊びに行くとしたら、何を求めますか。優先順位第3位まで回答をお願いいたします。	
	a	きれいな空気
	b	水遊びできる川、せせらぎ
	c	森林、森林浴
	d	星空
	e	温泉
	f	山の幸・山菜、川魚など
	g	地酒
	h	工芸・陶芸など
	i	農業体験
	j	静寂さ
	k	懐かしい風景
	x	
	y	内容と優先順位を明記
	z	

　まず、表3-2から都市生活者にとっての山間地域の魅力を属性別にみてみよう。大都市圏と地方圏に分けて検討してみた。ここでいう大都市圏とは居住地基準で、関東、東山、東海、近畿地方の都府県をさす。したがって、地方圏とは上記以外の道県のことである。上記の基準によって分類すると、アンケート標本110件の中で、大都市圏居住者は60.0％にあたる66人であり、地方圏居住者は40.0％で44人である。次に、山間地域への魅力については、大都市圏居住者ではその81.8％にあたる54人が肯定しており、地方圏にあっても

表 3-2 山間地域への魅力感の有無

		計	魅力を感じる	魅力を感じない
圏域別	大都市圏	66 [60.0] (100.0)	54 [61.4] (81.8)	12 [54.5] (18.2)
	地方圏	44 [40.4] (100.0)	34 [38.6] (77.3)	10 [45.5] (22.7)
性別	男性	58 [52.7] (100.0)	47 [53.4] (81.0)	11 [50.0] (19.0)
	女性	52 [47.3] (100.0)	41 [46.6] (78.8)	11 [50.0] (21.2)
年齢別	30歳未満	72 [65.5] (100.0)	58 [65.9] (80.6)	14 [63.6] (19.4)
	30歳以上 50歳未満	27 [24.5] (100.0)	21 [23.9] (77.8)	6 [27.3] (22.2)
	50歳以上	11 [10.0] (100.0)	9 [10.2] (81.8)	2 [9.1] (18.2)
職業別	学生・生徒	75 [68.2] (100.0)	60 [68.2] (80.0)	15 [68.2] (20.0)
	会社員・教員 など有職者	30 [27.3] (100.0)	24 [27.3] (80.0)	6 [27.3] (20.0)
	無職・その他	5 [4.5] (100.0)	4 [4.5] (80.0)	1 [4.5] (20.0)
合 計		110 [100.0] (100.0)	88 [100.0] (80.0)	22 [100.0] (20.0)

77.3%にあたる34人である。このように都市圏にあっても、地方圏にあっても山間地域の魅力を肯定的に捉えられている件数が極めて多い。

　男女別に検討した。回答者の中で男性は58名、女性は52名であり、構成比はそれぞれ52.7%と47.3%であり、ほぼ均衡している。男女で山間の町村への関心の違いがあるかどうかをみてみると、男性の場合、魅力を感じると答えた人が47人、逆に、魅力を感じないとの答えが11人で、魅力を感じる人が8割を上回っている。同様の傾向は女性についても指摘でき、本アンケートに関

しては、男女とも、山間の町村への関心が高いという傾向がうかがえる。

　回答者の年齢層を表のように三分してみた。30歳未満が72人で6割以上を占めている。次いで30歳以上50歳未満が27人で4分の1程度、そして50歳以上が11人でちょうど1割である。以上のようにアンケートの回答者の年齢層に若年層への偏りが見られることは否めない。ただし、魅力を感じる人の割合には年齢による特筆すべき偏倚は見られなかった。具体的には、30歳未満では魅力を感じるとした人は81.1%（58人）、30歳以上50歳未満では77.8%（21人）、50歳以上では81.8%（9人）になっていることからわかる。さらに、年齢層を越えて山間町村への関心が大きいこともわかる。

　次に回答者の職業を3分別してみた。これらのカテゴリーの中で、学生・生徒が全体の7割弱の75人、会社員・教員など有職者が3割弱の30人弱、そして無職・その他が若干という構成になっている。年齢層とも関連するが、学生・生徒の回答者の構成に占める割合が大きくなっている。ただし、山間地域に魅力を感じる人の割合は職業による差異はみられなかった。例えば、実人数は学生・生徒が60人、会社員・教員など有職者が24人、無職・その他が4人となっているがそれぞれの階層の中での魅力を感じる人の構成比はいずれも80%である。

　以上のように、本アンケートにあっては回答者の居住地の圏域別、性別、年齢別、職業別のいずれにあってもそれぞれの属性の中での階層間に、山間地域の魅力に関して差異はみられず、高い関心を示していることが明らかになった。そこで、以下では山間地域に関するイメージや価値観の差異を山間地域への魅力を感じる人々と感じない人々それぞれの差異をみていくことにする。

　山間地域への魅力を感じると答えた人（Yと略記する）の理由としては、自然、緑そして清澄な空気をキーワードにした文言が30例を占めている。さらに、穏やかさ、静けさ、安らぎ、落ち着き、のどかさ、リラックス、ゆとりといった一連の言葉が回答の中に21例ある。このように、都会では味わえない、しかも抽象的な感覚（例えば安らぎや静けさといったようなもの）が求められているように考えられる。一方、山間地域に魅力を感じないと答えた人（Nと略記する）では、不便、交通手段の劣位といった利便性にかかわる理由をあげ

たものが6例あり、注目される。

次に、山間地域のイメージに関した質問への答えをみてみた（表3-3）。すると、Yグループでは、「c. 不便」と「a. 秘境」とが20％以上でそれぞれ20人と18人であり、ほぼ同数である。「a.」と「c.」とは表裏一体の関係とも考えられる。人里離れた秘境となりうるところは、一方では、深山幽谷で交通の利便性には劣るわけである。

また、「b. 身内的感情」の13人と「d. 教育によい環境」の12人もほぼ並んでいる。「身内的感情」というのは親近感を得るということであり、感覚的な暖かさを感じ、包み込まれるような状況をイメージしたものである。教育によい環境というのは、そうした状況の中で落ち着いた勉学環境を期待できると考えていると推し測られる。「e. 第2の人生の場」というのは少数である。

Yグループのイメージで、その他のものとしては、内面的な豊かさをイメージした例が多い。例えば、のどか、のんびり、癒し、人間的な暮らし、静けさ、安らぎである。また、自然、緑のような自然環境に恵まれているというイ

表3-3　山間地域のイメージ

	魅力を感じる	魅力を感じない	計
a. 秘境	18 [20.5] (94.7)	1 [4.5] (5.3)	19 [17.3] (100.0)
b. 身内的感情	13 [14.8] (86.7)	2 [9.0] (13.3)	15 [13.6] (100.0)
c. 不便	20 [22.7] (62.5)	12 [54.5] (37.5)	32 [29.1] (100.0)
d. 教育によい環境	12 [13.6] (100.0)	0 [0.0] (0.0)	12 [10.9] (100.0)
e. 第2の人生の場	7 [8.0] (87.5)	1 [4.5] (12.5)	8 [7.3] (100.0)
x. その他、無回答	18 [20.5] (75.0)	6 [27.3] (25.0)	24 [21.8] (100.0)
合　　計	88 [100.0] (75.0)	22 [100.0] (25.0)	110 [100.0] (100.0)

メージも少なからずある。

　次に、Nグループの理由についてみてみると、「c. 不便」としたものが最も多くなっている。山間地域の魅力に否定的な人の中で、半数以上が、上記の理由をあげていることがわかる。また、その他として具体的に記された理由としては、村落社会の閉鎖性（田舎、排他的、村社会）をあげたものが多かった。

　最後に、「a.」から「e.」までの各項目それぞれについて、Yグループとそうでない N グループと、その構成比をみてみる（それぞれ Y 比、N 比と仮称する）。それによると、「a. b. d. e.」では N 比が僅かであるが、c. では 37.5％と大きくなっている。また、「その他」において N 比が比較的大きいのは、理由の多様性を示していると考えられる。

（3）　宿泊観光地としての山間地域への期待

　宿泊を前提とした山間地域への旅行を行おうとする場合にいかなる要素がそういった行動を起こさせるのかということを検討してみる。

　まず、表3-4の（1）により1位に選択された項目をみてみると、Yグループと N グループの合計で最も多かったのは、「a. きれいな空気」である。次いで、「b. 水遊びできる川、せせらぎ」「e. 温泉」が同数で続いている。これらの他に1位選択件数合計に占める割合が10％以上のものをあげれば、「c. 森林、森林浴」であり、手近な、手付かずの自然環境に親しむ機会を都市生活者が求めている傾向を読み取れよう。

　次に、Yグループの中では、合計の傾向とほぼ一致しており、Yグループのイメージが反映された結果となっている。これに対して、Nグループは第1位にあげた項目の中で、大きな割合を占めたのは、「e. 温泉」「a. きれいな空気」である。「b. c. j.」が比較的大きな割合を占めていた Y グループとは対照的である。

　第2位にあげたものでは、「b. 水遊びできる川、せせらぎ」が合計で最も多い。全体の合計の中の2割以上を占めているのはこの「b.」だけである。次いで「f. 山の幸・山菜、川魚」「c. 森林、森林浴」「d. 星空」が1割以上を占め

表3-4の（1） 宿泊地としての山間地域の魅力（1）

		1位		
		計	魅力を感じる	魅力を感じない
a	きれいな空気	28 (100.0) [25.7]	22 (78.6) [25.6]	6 (21.4) [26.2]
b	水遊びできる川、せせらぎ	18 (100.0) [16.6]	16 (78.6) [18.6]	2 (21.4) [8.7]
c	森林、森林浴	12 (100.0) [11.0]	11 (91.7) [12.8]	1 (4.3) [8.3]
d	星空	8 (100.0) [7.3]	5 (62.5) [5.8]	3 (37.5) [13.0]
e	温泉	18 (100.0) [16.5]	11 (61.1) [12.8]	7 (38.9) [30.5]
f	山の幸・山菜、川魚など	8 (100.0) [7.3]	5 (62.5) [5.8]	3 (37.5) [13.0]
g	地酒	0 (0.0) [0.0]	0 (0.0) [0.0]	0 (0.0) [0.0]
h	工芸・陶芸など	0 (0.0) [0.0]	0 (0.0) [0.0]	0 (0.0) [0.0]
i	農業体験	1 (100.0) [0.9]	1 (100.0) [1.1]	0 (0.0) [0.0]
j	静寂さ	10 (100.0) [9.2]	9 (90.0) [10.5]	1 (10.0) [4.3]
k	懐かしい風景	6 (100.0) [5.5]	6 (100.0) [7.0]	0 (0.0) [0.0]
	合計	109 (100.0) [100.0]	86 (78.9) [100.0]	23 (21.1) [100.0]

表3-4の（2） 宿泊地としての山間地域の魅力（2）

		2位		
		計	魅力を感じる	魅力を感じない
a	きれいな空気	10 (100.0) [9.3]	8 (80.0) [9.4]	2 (20.0) [9.1]
b	水遊びできる川、せせらぎ	24 (100.0) [22.5]	16 (66.7) [18.8]	8 (33.3) [36.5]
c	森林、森林浴	16 (100.0) [15.0]	15 (93.8) [17.6]	1 (6.3) [4.5]
d	星空	14 (100.0) [13.1]	10 (71.4) [11.8]	4 (28.6) [18.2]
e	温泉	8 (100.0) [7.5]	6 (75.0) [7.1]	2 (25.5) [9.1]
f	山の幸・山菜、川魚など	17 (100.0) [15.9]	14 (82.4) [16.5]	3 (17.6) [13.6]
g	地酒	0 (0.0) [0.0]	0 (0.0) [0.0]	0 (0.0) [0.0]
h	工芸・陶芸など	1 (100.0) [0.9]	1 (100.0) [1.1]	0 (0.0) [0.0]
i	農業体験	0 (0.0) [0.0]	0 (0.0) [0.0]	0 (0.0) [0.0]
j	静寂さ	10 (100.0) [9.3]	9 (90.0) [10.6]	1 (10.0) [4.5]
k	懐かしい風景	7 (100.0) [6.5]	6 (85.7) [7.1]	1 (14.3) [4.5]
	合計	107 (100.0) [100.0]	85 (79.4) [100.0]	22 (20.6) [100.0]

表 3-4 の（3）　宿泊地としての山間地域の魅力（3）

		3位		
		計	魅力を感じる	魅力を感じない
a	きれいな空気	7 (100.0) [6.6]	7 (100.0) [8.0]	0 (0.0) [0.0]
b	水遊びできる川、せせらぎ	11 (100.0) [10.4]	9 (81.8) [10.3]	2 (18.2) [10.5]
c	森林、森林浴	23 (100.0) [21.8]	19 (82.6) [21.9]	4 (17.4) [21.1]
d	星空	17 (100.0) [16.0]	15 (88.2) [17.3]	2 (11.8) [10.5]
e	温泉	14 (100.0) [13.2]	11 (78.6) [12.7]	3 (21.4) [15.8]
f	山の幸・山菜、川魚など	10 (100.0) [9.4]	7 (70.0) [8.0]	3 (30.0) [15.8]
g	地酒	1 (100.0) [0.9]	1 (100.0) [1.1]	0 (0.0) [0.0]
h	工芸・陶芸など	0 (0.0) [0.0]	0 (0.0) [0.0]	0 (0.0) [0.0]
i	農業体験	1 (100.0) [0.9]	1 (100.0) [1.1]	0 (0.0) [0.0]
j	静寂さ	16 (100.0) [15.1]	12 (75.0) [13.9]	4 (25.0) [21.1]
k	懐かしい風景	6 (100.0) [5.7]	5 (83.3) [5.7]	1 (16.7) [5.2]
	合　計	106 (100.0) [100.0]	87 (82.1) [100.0]	19 (17.9) [100.0]

表 3-4 の（4）　宿泊地としての山間地域の魅力（4）

		得点		
		計	魅力を感じる	魅力を感じない
a	きれいな空気	111 (100.0) [17.1]	89 (80.2) [17.1]	22 (19.8) [16.7]
b	水遊びできる川、せせらぎ	113 (100.0) [17.4]	89 (78.8) [17.1]	24 (21.2) [18.2]
c	森林、森林浴	91 (100.0) [14.1]	82 (90.1) [15.9]	9 (9.9) [6.8]
d	星空	71 (100.0) [10.9]	52 (73.2) [10.0]	19 (26.8) [14.4]
e	温泉	84 (100.0) [12.9]	56 (66.7) [10.8]	28 (33.3) [21.2]
f	山の幸・山菜、川魚など	68 (100.0) [10.4]	47 (69.1) [9.1]	21 (30.9) [15.9]
g	地酒	1 (100.0) [0.1]	1 (100.0) [0.2]	0 (0.0) [0.0]
h	工芸・陶芸など	2 (100.0) [0.4]	2 (100.0) [0.4]	0 (100.0) [0.0]
i	農業体験	4 (100.0) [0.6]	4 (100.0) [0.8]	0 (0.0) [0.0]
j	静寂さ	68 (100.0) [10.4]	62 (91.2) [11.9]	6 (8.8) [4.5]
k	懐かしい風景	38 (100.0) [5.8]	35 (92.1) [6.7]	3 (7.9) [2.3]
	合　計	651 (100.0) [100.0]	519 (79.7) [100.0]	132 (20.3) [100.0]

ている。中でも「f.」は第1位の場合と比較すると第2位の中での比重が大きく際立っている。YグループとNグループの別ではYグループについてはほぼ全体の動向と軌を一にしている。さらにNグループでは大部分が「b.」であり、第2位の傾向を一層特徴付けている［表3-4の（2）］。

第3位では、「c. 森林、森林浴」を動機としてあげているケースが最も多くなっている。全体の2割以上（23件）を占めるのはこの項目だけである。次いで10件以上かつ1割以上の項目は多い順に「d. 星空」「j. 静寂さ」「e. 温泉」「b. 水遊びできる川、せせらぎ」の順番になっている。1位、2位の場合と同じようにYクループの傾向がそのまま反映されている。Nグループでは「c. 森林、森林浴」「j. 静寂さ」が4件で最も多い［表3-4の（3）］。

次に、1位を3点、2位を2点、3位を1点としてそれらの合計値を検討してみた［表3-4の（4）］。「b. 水遊びできる川、せせらぎ」と「a. きれいな空気」が100ポイント以上で最も多いランクである。次いで「c. 森林、森林浴」が90ポイント台である。これら3項目を合わせると300ポイント以上になり、ポイント総合計の半数近くを占めることになる。このことからも、都市生活者の自然志向がうかがえる。50ポイント以上90ポイント未満についてみると、「e. 温泉」「d. 星空」「f. 山の幸・山菜、川魚など」「j. 静寂さ」の順になっている。

静かな温泉地の宿で郷土料理に舌鼓を打ち、星空を眺めつつお湯に浸かるというイメージが想像できる。この傾向はYグループの集計結果とも一致している。一方、Nグループでは、総合計100ポイント余りの中で20ポイント台は順に「e. 温泉」「b. 水遊びできる川、せせらぎ」「a. きれいな空気」そして「f. 山の幸・山菜、川魚など」となる。それから「d. 星空」が19ポイントで続いている。これらの中で、Yグループに比べてのNグループの特徴は「d. 温泉」のウエイトが相対的に大きいということである。

これまでの考察の結果から都市生活者の山間地域への関心は、圏域、性別、年齢、職業を超えて、高いことがわかった。さらに、そうした人々は山間地域に対して、自らの日常生活とは異なった豊かな自然環境のなかで休息や様々な体験活動への期待が大きいと考えられる。さらに、手付かずの自然への期待、

さらには山間地域に対する関心の希薄な人々にとっても温泉などは魅力となっている。都市生活者にあっては、健康志向が高まり、大都市圏においても工夫を凝らした入浴施設が盛況を呈している。この点を踏まえると、山間地域に関心の乏しい人々にも新たな需要を期待できる。

都市への人口集中の高まりと過密に伴う住環境の劣化は自然への関心の高まりを引き起こしている。交通インフラの整備とモータリゼーションの進展によって日帰り観光圏は大きく拡大した。このことは旧来の山間地域も都市の観光・レクリエーション機能を担い、都市圏の一部を構成する可能性を示しているとも考えられる。しかし、山間地域が都市機能の一部を分担するには単に自然観光資源が存在するだけでは不十分である。都市生活者を引き付けるためのそこでしか得られない仕掛けや魅力が必要となる。より高次のサービスの質を都市生活者は求める。宿泊観光地として、山間地域の自然や歴史をそうしたニーズにどのように適応させていくかも大きな課題である。

今後、観光・レクリエーションの形態にあっても少量多品目化が一段と進むと考えられる。このような段階にあって、需要の取込みのためには個別地域の対応だけでなく、隣接地域との連繋が不可欠である。近年、山間地域相互間や山間地域と大都市圏との連絡のための道路整備が格段に進展した。広域的な連携による観光・レクリエーション機能の整備を考える上では、サービス集積を念頭に置いた戦略的な道路網の形成を考える必要がある。そのためには、都市圏における機能地域の中に山間地域を位置付け、人の流れと意識の動きを構造的に解明することが必要になる。

第3節　都市生活者の認知する一山村

（1）　名前と位置認識からみた十津川村の認知度

前節でも確認したように、これまでの都市研究は、都市圏研究が日常生活圏を中心に進展をみた。一方、山間地域の自立に関する実践的な事例研究も数多く発表されているし、山間地域における観光振興の研究業績も多い。しかし、

都市圏の機能地域の一部として山間地域を位置づけ、観光・レクリエーション機能の側面からアプローチした成果は乏しい。

　こうした段階にあって、需要の取込みのためには個別地域の対応だけでなく、隣接地域との連繋が不可欠である。広域的な連携による観光・レクリエーション機能の整備を考える上では、サービス集積を念頭に置いた戦略的な観光ルートを提示する必要がある。そのためには、都市圏における機能地域の中に山間地域を位置付け、人の流れと意識の動きを構造的に解明することが必要になることも既に指摘した通りである。しかもこのことは、都市生活者に対して、観光・レクリエーション機能を提供する山間地域の人々の視角だけでなく、都市生活者が山間地域をどのようにとらえているかという点にも関心を払い、具体的な地域をあげて調査を行う必要があると考えられる。

　そこで、こうした課題に接近するために、都市住民アンケート調査を実施した。アンケートの質問内容は表3-5に示した通りである。質問1は、十津川村に対する知名度、質問2は十津川村の位置に関する理解度、そして、質問3は村に対するイメージを問うたものである。なお、調査方法などについては前節（p.118）に記した。

　十津川村をとりあげたのは、この自治体が村の経済的自活のためにハードとソフトの両面から様々な方策を模索していること、そしてそのための重要な手段の1つとして観光を考えていること、さらに村の歴史や面積など全国的な関心も高い地域であることを考慮したからである。

　表3-6を参照されたい。まず、アンケート回答者を年齢層ごとにみてみると、「30歳未満」が72人、「30歳以上50歳未満」が26人、「50歳以上」が12人となっており、「30歳未満」が全体の65.5％を占めている。「30歳未満」については後段で詳述するとして、これ以外のものについてとりあえずみておく。まず、「30歳以上50未満」は26人で、男女比では男性12人（46.2％）に対して女性14人（53.8％）になっている。その中で有職者が21人（80.8％）を占めている。「50歳以上」は12人で、男女比は男性4人に対して、女性が8人である。その中で有職者が10人を占めている。

　次に、性別でみてみると、男性58人に対して、女性52人であり、ほぼ均等

表3-5 アンケートの構成

質問番号	質問事項
1	奈良県吉野郡十津川村をご存知ですか
2	十津川村はどこにありますか。 奈良県地図から範囲を大体で構いませんので囲んで下さい。 【奈良県地図】 ◎ 奈良市 卍 法隆寺 ◎ 橿原市（かしはらし）　卍 室生寺（むろうじ） ○ 明日香村 ▲ 吉野山 ▲ 高野山（こうやさん） ▲ 大台ケ原（おおだいがはら）
3	十津川村はどのような村だと思いますか。

になっている。最後に地域別にみると「東日本」が45人、「中国」が43人とほぼ並んで、「西日本」は22人である。さらに、「東日本」では男性が23人に対して、女性は22人である。一方、「中国」は男性が20人に対して、女性は23人である。「西日本」は男性が15人に対して、女性は7人であり、男性の半分以下である。

これらの内訳をみてみると、「東日本」の男性では、「30歳未満」の「学生・

表 3-6　アンケート回答者の構成

		男				女				合計
		東日本	西日本	中国	小計	東日本	西日本	中国	小計	
30歳未満	学生・生徒	13	11	16	40	3	4	23	30	70
	有職者	0	1	0	1	0	0	0	0	1
	無職・その他	0	1	0	1	0	0	0	0	1
	小　計	13	13	16	42	3	4	23	30	72
30歳以上50歳未満	学生・生徒	0	0	0	0	0	1	0	1	1
	有職者	7	1	3	11	9	1	0	10	21
	無職・その他	1	0	0	1	3	0	0	3	4
	小　計	8	1	3	12	12	2	0	14	26
50歳以上	学生・生徒	0	1	0	1	1	1	0	2	3
	有職者	2	0	1	3	4	0	0	4	7
	無職・その他	0	0	0	0	2	0	0	2	2
	小　計	2	1	1	4	7	1	0	8	12
合　計		23	15	20	58	22	7	23	52	110

「東日本」は関東地方および長野、北海道を含む、「西日本」は近畿地方および愛知県を含む範囲である。

生徒」が13人、「30歳以上50歳未満」の「有職者」が7人である。また、「東日本」の女性では、「30歳以上50歳未満」の「有職者」が9人である。「中国」の男性では「学生・生徒」が16人である。「中国」の女性では、23人全員が「学生・生徒」である。「西日本」の男性では、「30歳未満」の「学生・生徒」が16人で、最も多い。女性でも、「学生・生徒」が相対的に多い。

さて、以上のようにアンケート回答者の中では「30歳未満」の「学生・生徒」が70人で、そのアンケート回答者全体に占める割合でも63.6％である。地域別では、「中国」が39人（54.2％）、「西日本」が17人（23.6％）、「東日本」が16人（22.2％）である。

そこで、この範疇について検討を続けてみる。性別では男性が40人で「学生・生徒」の57.1％を占め、女性は30人で、同様に42.9％である。さらに、地域別に検討を進めると、男性は、「中国」で16人と最も多く、男性の「学生・生徒」の4割を占めている。次いで「東日本」が13人（32.5％）、「西日

本」が11人で27.5％である。女性では30人中、「中国」が23と最も多く、女性全体の76.7％を占めている。「西日本」と「東日本」はそれぞれ4人と3人である。

（2） 十津川村に対する認識とイメージ

　十津川村がアンケート回答者の中でどの程度知られているのだろうか。その点を次に検討してみよう（表3-7）。全回答者110人の中で十津川村を「知っている」と答えたのは36人である。これに対して「知らない」との答えは74人であり、2倍以上になっている。「知っている」は「東日本」「西日本」「中国」それぞれ12人ずつになっている。一方「知らない」は「東日本」が33人、「中国」が31人、「西日本」が10人である。したがって、「東日本」と「中国」は「知っている」は「知らない」の半分以下であるが、「西日本」は「知っている」の方が多くなっている。

　次に年齢層別にみると、「30歳未満」は「知っている」が20人に対して「知

表3-7　十津川村の知名度

		知っている								知らない								計		合計
		東日本		西日本		中国		小計		東日本		西日本		中国		小計				
		男	女	男	女	男	女	男	女	男	女	男	女	男	女	男	女	男	女	
30歳未満	学生・生徒	3	0	5	2	6	3	14	5	10	3	7	2	10	20	27	25	41	30	71
	有職者	0	0	1	0	0	0	1	0	0	0	0	0	0	0	0	0	1	0	1
	無職・その他	0	0	0	0	0	0	0	0	0	0	0	0	0	0	0	0	0	0	0
	小　計	3	0	6	2	6	3	15	5	10	3	7	2	10	20	27	25	42	30	72
30歳以上50歳未満	学生・生徒	0	0	0	2	0	0	0	2	0	0	0	0	0	0	0	0	0	0	0
	有職者	4	1	0	1	2	0	6	2	3	8	1	0	1	0	5	8	11	10	21
	無職・その他	0	1	0	0	0	0	0	1	1	2	0	0	0	0	1	2	1	3	4
	小　計	4	2	0	3	2	0	6	5	4	10	1	0	1	0	6	10	12	15	27
50歳以上	学生・生徒	0	1	1	0	0	0	1	1	0	0	0	0	0	0	0	0	1	1	2
	有職者	2	0	0	0	1	0	3	0	0	4	0	0	0	0	0	4	3	4	7
	無職・その他	0	0	0	0	0	0	0	0	0	2	0	0	0	0	0	2	0	2	2
	小　計	2	1	1	0	1	0	4	1	0	6	0	0	0	0	0	6	4	7	11
	計	9	3	7	5	9	3	25	11	14	19	8	2	11	20	33	41	58	52	110
	合　計		12		12		12		36		33		10		31		74		110	

「東日本」は関東地方および長野、北海道を含む、「西日本」は近畿地方および愛知県を含む範囲である。

らない」は52人であり、「知っている」は「知らない」の半分以下である。「30歳以上50歳未満」では「知っている」が11人に対して「知っていない」は16人である。「50歳以上」では、「知っている」は5人、「知らない」は6人で、それほど大きな差はない若者層の状況とは大きく異なる。

「知っている」の男女比をみると、男性25人に対して女性は11人であり、男性の方が女性に比べて2倍以上になっている。男女比を地域別にみると「東日本」「中国」では男性9人に対して女性3人である。「西日本」では男性7人に対して女性5人であり、「西日本」の方が他の2地域に比べて相対的に女性の割合が大きくなっている。年齢層別に男女比をみると、「30歳未満」は20人中、男性は15人、女性は5人である。「30歳以上50歳未満」では11人中男性は6人、女性は5人、「50歳以上」では5人中男性は4人、女性は1人である。このように「知っている」は「30歳以上50歳未満」を除けば、年齢の違いよりも男女によって人数の差が大きいことがわかる。

一方「知らない」は、男女比をみると、男性33人に対して女性は41人であり、女性の方が男性に比べて多くなっている。男女比を地域別にみると「東日本」では男性14人に対して女性19人、「中国」でも男性11人に対して女性20人と女性の方が多くなっている。ただし「西日本」だけは男性8人に対して女性2人と男性の方が多くなっている。年齢層別に男女比をみると、「30歳未満」は52人中、男性は27人、女性は25人である。「30歳以上50歳未満」では16人中男性は6人、女性は10人、「50歳以上」では6人すべて女性である。このように「知らない」は「30歳未満」で若干男性が多い外は、女性の方が多く、この傾向は「東日本」と「中国」で顕著なことがわかる。

十津川村の位置に関する認識を確かめるために表3-5の設問2を設定した。回答者の示した十津川村の範囲は点的なものから広範な面的なものまで多様な内容であった。この結果を分析するために以下のような作業を行った。図3-4のように、奈良県内を通る北緯34°線と東経136°線をそれぞれ東西と南北の基線として、10km四方のメッシュを設定した。東から西へ同経度帯をA～Fで、北から南へ同緯度帯をIからXまで区分した。これをもとにして、アンケートの回答1件ごとについて回答者がどの範囲を示しているのかを座標上に特定し

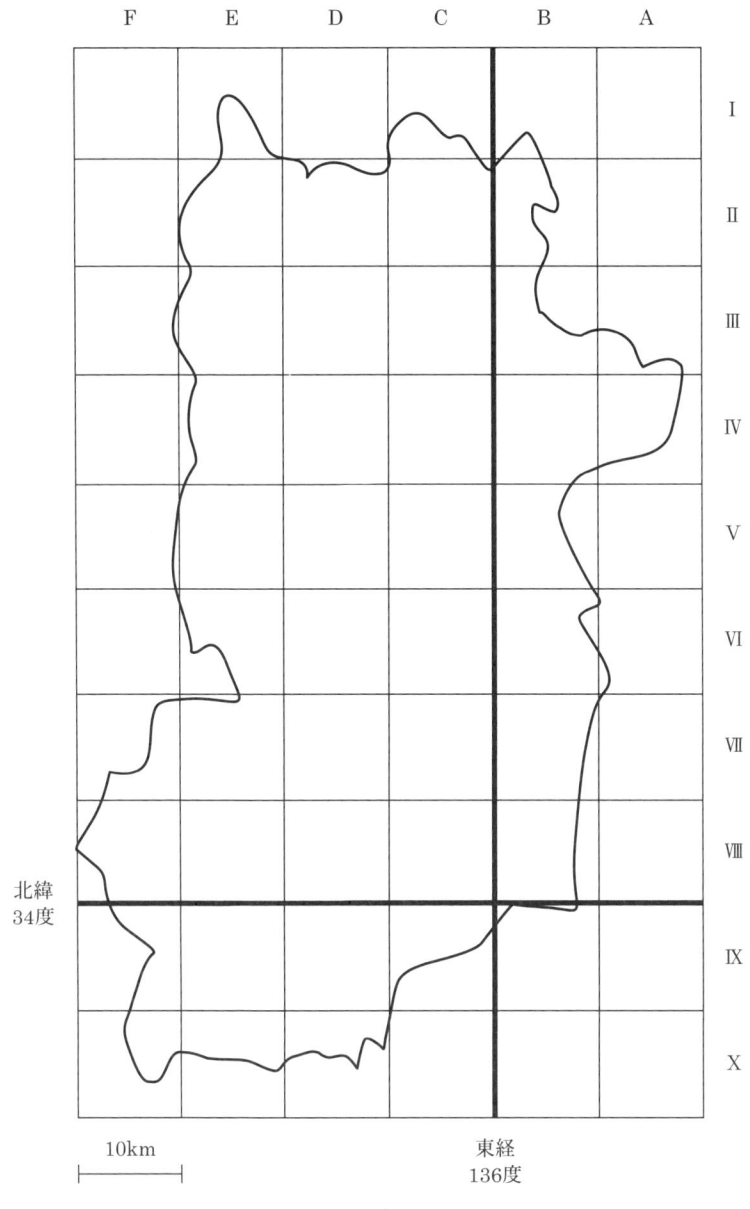

第 3 章　農山村の観光と都市生活　133

図 3-4　奈良県の範囲

た。範囲の広狭にかかわらずメッシュにそれぞれの位置が示されていればそこを1ポイントとして計数した。示された範囲が広ければたとえ1件でも多くの地点でポイントが記されることになる。次に緯度帯と経度帯に分けてそれぞれの区間ごとのポイントの合計値を算出してみた。その結果を以下に示す。

表3-8によれば、経度帯ごとのポイントの合計は209ポイントである。全体の傾向としては、D帯で最も多くなっており、次いでC、そしてEの順番になっている。この3つの経度帯のポイントの合計は全体の8割近くを占めている。特にD帯は十津川村内の観光地だけでなく、奈良県の主な観光地も含まれており、いわば「奈良観光軸」の線上に十津川の観光地も認識されていると考えられる。

表3-8　十津川村の位置（東西方向）

方角		東《=====================》西						合計
	同経度帯	A	B	C	D	E	F	
知っている	東日本	0	0	6	10	8	2	26
	西日本	0	3	5	10	9	6	33
	中国	0	1	7	11	8	6	33
	小計	0	4	18	31	25	14	92
知らない	東日本	0	8	12	13	11	5	49
	西日本	0	3	5	6	5	2	21
	中国	0	8	17	15	4	3	47
	小計	0	19	34	34	20	10	117
合計		0	23	52	65	45	24	209
十津川村内の観光地					湯泉地温泉 十津川温泉 谷瀬吊り橋 野猿 十二滝			
					十津川村域			
主な観光地		曽爾高原	室生寺 大台ケ原	大宇陀温泉	東大寺 橿原神宮 明日香 洞川温泉 吉野山	法隆寺	高野山	

「東日本」は関東地方および長野、北海道を含む、「西日本」は近畿地方および愛知県を含む範囲である。

「知っている」と「知らない」を比べながら検討してみよう。「知っている」のポイントの合計は92ポイントである。一方、「知らない」のポイントの合計は117ポイントである。次に、AからFの同経度帯ごとにポイントの広がりをみてみる。「知っている」「知らない」とも、D帯でポイントが最も多くなっている。それぞれのポイント合計に占める割合はいずれも30%台である。

この経度帯には十津川村内の観光地だけでなく、奈良県内の主な観光地も含まれている。「知っている」ではD帯の次にはE帯が多く、この両者でポイント合計の6割に達している。一方、「知らない」の方はD帯の次にはC帯、E帯の順になっており、いずれも合計の2割以上を占めている。

「知っている」では「東日本」「西日本」「中国」のすべての地域で、D帯のポイントが最も多くなっている。次いで、E帯の順になっており、「知っている」

表3-9 十津川村の位置（南北方向）

方角	北《=======================》南										合計
同緯度帯	I	II	III	IV	V	VI	VII	VIII	IX	X	
知っている 東日本	0	0	0	0	2	2	4	6	5	3	22
西日本	0	0	0	0	2	3	7	10	8	5	35
中国	0	0	0	0	1	4	6	7	5	5	28
小計	0	0	0	0	5	9	17	23	18	13	85
知らない 東日本	1	0	0	7	12	10	6	6	1	0	44
西日本	0	1	0	1	4	5	3	2	1	2	19
中国	0	1	1	2	13	12	3	5	5	1	43
小計	1	2	1	10	29	27	12	13	7	3	106
合計	1	2	2	10	34	36	29	36	25	16	191
十津川村内の観光地								谷瀬吊り橋	湯泉地温泉 十津川温泉 野猿	十二滝	
								十津川村域			
主な観光地		東大寺	法隆寺 橿原神宮 室生寺	明日香 大宇陀温泉	吉野山	洞川温泉	高野山	大台ケ原			

「東日本」は関東地方および長野、北海道を含む、「西日本」は近畿地方および愛知県を含む範囲である。

の全体の傾向と合致している。一方「知らない」は、最もポイントが多いのはどの地域もD帯になっている。しかし、2位以下は若干変化がある。まず「東日本」では、1ポイントの差ではあるが、C、E帯の順になっている。

次に「西日本」ではC、E帯が同数になっている。この2者ではC、D、E帯がほぼ一体的に把握されていると考えられる。「中国」ではC帯が最も多くなっており、次いでD帯となり、さらにポイント数は半分以下になるが、B帯が続いている。「東日本」「西日本」に比べて、E、F帯のウェイトが小さくなっている。

表3-9によれば、緯度帯ごとの回答者全体の合計は191ポイントである。その分布をみてみると、Ⅵ帯とⅧ帯が最も多くなっている。30ポイント台はこの他にⅤ帯である。20ポイント台はⅦ帯とⅨ帯である。これらの他に、10ポイント台がⅣ帯とⅩ帯である。したがって、Ⅵ帯とⅧ帯を頂点になだらかな2つの山が台地状にⅣ帯からⅩ帯まで拡がっている。

次に、「知っている」と「知らない」に分けて緯度帯の認識について検討してみよう。「知っている」は85ポイント、「知らない」は106ポイントになっている。「知っている」は23ポイントのⅨ帯を頂点に10ポイント台はⅦ帯、Ⅸ帯、Ⅹ帯となっている。ほぼ南北方向の十津川村域と合致している。地域別にみても「東日本」「西日本」「中国」とも合計値と同じ傾向を示している。

これに対して「知らない」では、Ⅴ帯、Ⅵ帯に20ポイント台後半の数字が並んでいる。この2つの帯域に「知らない」の50％以上が集中している。地域別にみてみても、「東日本」「西日本」「中国」ともほぼ同様の傾向になっている。したがって、「知らない」は実際の村域よりも30km程度北と認識していることがわかる。

表3-5の質問番号3では十津川村に対するイメージを自由に記してもらった。その内容から表3-10に示したようなキーワードを抽出し、それらを「快適」「知名」「敬遠」の3カテゴリーに分類した。「快適」とは村を訪れてみたくなるような要素を、「知名」とは村を具体的に認識するための要素を、そして「敬遠」とは村を訪れる際の困難性を示す要素として示した。

「知っている」と「知らない」を比べながら検討してみよう。「知っている」のポイントの合計は92ポイントである。一方、「知らない」のポイントの合計は117ポイントである。次に、AからFの同経度帯ごとにポイントの広がりをみてみる。「知っている」「知らない」とも、D帯でポイントが最も多くなっている。それぞれのポイント合計に占める割合はいずれも30％台である。

この経度帯には十津川村内の観光地だけでなく、奈良県内の主な観光地も含まれている。「知っている」ではD帯の次にはE帯が多く、この両者でポイント合計の6割に達している。一方、「知らない」の方はD帯の次にはC帯、E帯の順になっており、いずれも合計の2割以上を占めている。

「知っている」では「東日本」「西日本」「中国」のすべての地域で、D帯のポイントが最も多くなっている。次いで、E帯の順になっており、「知っている」

表3-9 十津川村の位置（南北方向）

方　角		北《======================》南									合計
同緯度帯		I	II	III	IV	V	VI	VII	VIII	IX	X	
知っている	東日本	0	0	0	0	2	2	4	6	5	3	22
	西日本	0	0	0	0	2	3	7	10	8	5	35
	中国	0	0	0	0	1	4	6	7	5	5	28
	小計	0	0	0	0	5	9	17	23	18	13	85
知らない	東日本	1	0	1	7	12	10	6	6	1	0	44
	西日本	0	1	0	1	4	5	3	2	1	2	19
	中国	0	1	1	2	13	12	3	5	5	1	43
	小計	1	2	2	10	29	27	12	13	7	3	106
合計		1	2	2	10	34	36	29	36	25	16	191
十津川村内の観光地									谷瀬吊り橋	湯泉地温泉 十津川温泉 野猿	十二滝	
									十津川村域			
主な観光地		東大寺	法隆寺 橿原神宮 室生寺	明日香 大宇陀温泉	吉野山	洞川温泉	高野山	大台ケ原				

「東日本」は関東地方および長野、北海道を含む、「西日本」は近畿地方および愛知県を含む範囲である。

の全体の傾向と合致している。一方「知らない」は、最もポイントが多いのはどの地域もD帯になっている。しかし、2位以下は若干変化がある。まず「東日本」では、1ポイントの差ではあるが、C、E帯の順になっている。

次に「西日本」ではC、E帯が同数になっている。この2者ではC、D、E帯がほぼ一体的に把握されていると考えられる。「中国」ではC帯が最も多くなっており、次いでD帯となり、さらにポイント数は半分以下になるが、B帯が続いている。「東日本」「西日本」に比べて、E、F帯のウェイトが小さくなっている。

表3-9によれば、緯度帯ごとの回答者全体の合計は191ポイントである。その分布をみてみると、Ⅵ帯とⅧ帯が最も多くなっている。30ポイント台はこの他にⅤ帯である。20ポイント台はⅦ帯とⅨ帯である。これらの他に、10ポイント台がⅣ帯とⅩ帯である。したがって、Ⅵ帯とⅧ帯を頂点になだらかな2つの山が台地状にⅣ帯からⅩ帯まで拡がっている。

次に、「知っている」と「知らない」に分けて緯度帯の認識について検討してみよう。「知っている」は85ポイント、「知らない」は106ポイントになっている。「知っている」は23ポイントのⅨ帯を頂点に10ポイント台はⅦ帯、Ⅸ帯、Ⅹ帯となっている。ほぼ南北方向の十津川村域と合致している。地域別にみても「東日本」「西日本」「中国」とも合計値と同じ傾向を示している。

これに対して「知らない」では、Ⅴ帯、Ⅵ帯に20ポイント台後半の数字が並んでいる。この2つの帯域に「知らない」の50%以上が集中している。地域別にみてみても、「東日本」「西日本」「中国」ともほぼ同様の傾向になっている。したがって、「知らない」は実際の村域よりも30km程度北と認識していることがわかる。

表3-5の質問番号3では十津川村に対するイメージを自由に記してもらった。その内容から表3-10に示したようなキーワードを抽出し、それらを「快適」「知名」「敬遠」の3カテゴリーに分類した。「快適」とは村を訪れてみたくなるような要素を、「知名」とは村を具体的に認識するための要素を、そして「敬遠」とは村を訪れる際の困難性を示す要素として示した。

第3章　農山村の観光と都市生活　137

表3-10　要素別に見た十津川村のイメージ

		快適	知名	敬遠	計
知っている	東日本	10	7	1	18
	西日本	10	8	3	21
	中国	3	12	7	22
	小計	23	27	11	61
知らない	東日本	17	8	9	34
	西日本	2	2	1	5
	中国	17	9	9	35
	小計	36	19	19	74
合計		59	46	30	135
各要素に該当するキーワード		伝統 田園景観 静寂 森林 清浄	河川 渓谷 温泉 吊り橋 面積 歴史性	過疎 交通不便	

「東日本」は関東地方および長野、北海道を含む、「西日本」は近畿地方および愛知県を含む範囲である。

　自由記述の文章から抽出したキーワードを分類してその数量を示したのが表3-10である。その結果をまず、全体の傾向からみておこう。まずポイントの数は「快適」が最も多く、次いで「知名」、最後に「敬遠」の順になっている。「知っている」「知らない」の別で特徴をみてみよう。まず「知っている」は「知名」が最も多く、「快適」が続き、最後の「敬遠」は前2者のポイントの半分以下である。

　地域別にみてみると「東日本」では「快適」が最も多く、「知名」が続いている。この両者で9割以上にのぼる。「西日本」でも同様の傾向である。一方「中国」では「知名」が最も多く、これのみで半数以上である。さらに、「敬遠」が続き、「快適」はわずかである。

　次に「知らない」では「快適」が「知名」「敬遠」に比べて2倍近くになっている。この傾向は地域的にみても「東日本」「中国」で同様の傾向を示してい

る。「西日本」ではポイント数そのものが少ない。

　本調査は結果的には都市生活者の中でも、30歳未満という若者、特に学生・生徒の十津川村への関心に検討を加えてきた。調査対象の限界性を踏まえつつ、今回の都市生活者へのアンケートから明らかになった点を以下にまとめておこう。

　まず、十津川村という名称への認知度である。全体の3割以上が知っているということは、かなりの数と考えてよい。ただし、男性に比べて女性への名称の浸透が極めて緩慢である。次に十津川村の位置や範囲への理解に関してである。回答内容をみてみると役場や回答者自身が知っている観光拠点の位置を答えたものや村域の範囲を示したものまで様々であった。それらをまとめて東西方向と南北方向に分けて場所的な認識の度合を検討してみた。その結果、東西方向の位置では十津川村を知る、知らないにかかわらずほぼ順当な認識が形成されている状況を確認できた。しかし、南北方向については、知るグループに比べて知らないグループは村の位置をかなり北の方へ認識していることがわかった。最後に村に対するイメージに関する点である。回答者の範囲でみる限り、ポジティブなイメージがネガティブなそれを上回っていることがわかった。

（3）　山間地域における観光の自主編成

　以上の諸点は、都市への人口集中の高まりと過密に伴う住環境の劣化に対する、都市生活者の自然への関心の高まりを示しているとも考えられる。そして、交通インフラの整備とモータリゼーションの進展によって日帰り観光圏は大きく拡大しており、十津川村のような山間地域も都市の観光・レクリエーション機能を担い、都市圏の一部を構成する可能性を示しているとも考えられる。

　十津川村は人口4,746人（2006年3月末）である。人口の最も多かった1960年の15,588人に比べて3分の1以下になっている。また、村民の高齢化も進行し、70歳以上の老人保健資格取得者をみても人口の25％を上回っている。村の面積はおよそ672km^{2}で奈良県の5分の1を占め、村では全国1の面

第 3 章　農山村の観光と都市生活　139

積である。また、林野の割合が全体の 96％である。

　　　高野山から熊野本宮大社に向かう熊野参詣道の 1 つ、小辺路が通る（十津川）村神納川地区。同地区に住む岡一郎さん（73）は 3 月 17 日、北海道の旅行社が企画した山歩きツアーの一行 11 人のガイドを引き受けた。神納川から標高 1080m の三浦峠を越えて西中まで 12km を約 5 時間かけて歩いた。………岡本さんの本業は林業。65 歳までは山を 2 時間かけて登り、植林や枝打ちをしていたという。今も健脚だ。………世界遺産の登録前に、………毎日 10 人くらいが共同で、荒れ果てた小辺路の階段を直し、土に埋もれた、約 400 年前に敷かれた石畳を掘り起こした（『朝日新聞・奈良版』2006 年 5 月 20 日）。

　町村合併によらない村の生き残りを選択した十津川村では、村内の資源の再確認作業を村民を挙げて実施した。この過程で顕在化した資源を村外に向けて利用に供するためにはそのための人材養成とともに村民の合意形成が必要であり、そのための努力も続けられている。そして観光資源の活用のために重要なのは情報提供方法の工夫であり、広大な面積を有する村内の観光資源の有機的連関である。

　十津川村には 3 つの温泉があり、その 3 つを合わせて「十津川温泉郷」と言い、奈良県で唯一、環境省の国民保養温泉地の指定になっている。また、世界遺産への登録をみた「紀伊山地の霊場と熊野参詣道」を構成する熊野参詣道小辺路、大峯奥駈道が村内を通る。そして、山々に育まれた環境の中から生まれた農林産物、河川の魚介類、そしてそれらを「食」へと転換するための多様な工夫が「めはりずし」や「よもぎ餅」などの名物になっている。

　　　観光客に最も人気があるめはりずしは、ご飯にカツオ節やフキ、梅を入れ、高菜で包む地元の伝統料理。…午前 8 時半に国道 168 号線沿いの道の駅『十津川郷』前に店開き。夕方 4 時まで営業する。ミョウガやナス、梨などの野菜や果物も並ぶ。販売担当は村の若い女性アルバイト。1 個 100 円のめはりずしは 80 円がお母さんたちの収入、20 円が（活動の運営母体のほんまもん）会へ。アルバイトの収入も 1 日 6 千円ぐらいになる（『朝日新聞・奈良版』2006 年 9 月 28 日）。

　このような村内の観光資源をくくり、村外への情報発信のための統一ブランドが「心身再生の郷・十津川」なのである。たとえば

（十津川）村が企画したのは2泊3日のなびきツアー。なびきとは、世界遺産大峯奥駆道の途中にある75ヵ所の行場のこと、更谷慈禧村長はツアーの狙いを、物見遊山ではなく、…自分自身の生き方を見つめ直して、心身を再生させることを目指すと話す。…2日間、険しい奥駆道を16.6km歩き、最終日の3日目が道普請（8月12日～14日）。東京や大阪の会社員や学生ら男女20人が…約1時間で50mを完成させた。…村では10月以降も、5万円から9万円台で、こうしたツアーを計画している（「朝日新聞・奈良版」2006年8月17日）。

　都市生活者の山間地域への関心の高まりは、自らの日常生活とは異なった豊かな自然環境のなかで休息や様々な体験活動への期待が大きいと予想される。手付かずの自然への期待、さらには山間地域に対する関心の希薄な人々にとっても温泉などは魅力となっている。この点を踏まえると、山間地域に関心の乏しい人々にも新たな需要を期待できる。

　わが国の国土面積の6割以上の森林と、国民の7割以上の日常的生活基盤である都市。この両者を結びつけるものの1つが観光・レクリエーションである。しかし、都市圏における観光・レクリエーション機能を分担しつつ、リピーターの確保可能な持続的な観光地として成長を続けるには、そのサービス生産には都市生活者からのより高度かつ多様な需要への対応をおろそかにできない。従来のような発地・旅行会社主導のツアーばかりでなく、観光の目的地、すなわち着地側、その多くは縁辺地域や山間地域の自治体や住民の主体的な企画によるそれが必要になっていることを十津川村の事例は示している。

あとがき

　私が研究活動を続けて4半世紀以上が経過した。今、改めてこれまでを振り返ってみると、その時々の研究課題ごとにお世話になった方々のお顔やお名前が思い浮かぶ。このような形でともかくも著書としてとりまとめられたのは、そのような多くの方々のお陰である。以下にそのエピソードのいくつかを記しておきたい。

　まず、釧路湿原国立公園の指定にともなう地域経済への影響調査（特定国立公園重点管理事業、1994年度から1996年度）である。加藤和暢・釧路公立大学教授を座長とする検討会の一員としての活動の場を得ることができた。国立公園指定にともなう公的な施設設備投資、観光客の消費行動の地域への経済的波及効果の計量的な分析を目的としたものであった。その調査において私は園地内の利用客の立ち寄り観光地点を抽出し、その利用動向から利用客の国立公園内における流動構造を明らかにするということが私の課題であった。その成果は、第1章第3節や、第2章第1節（3）の論述において活用できた。

　研究の拠点を奈良へ移してからは、これまでの北海道における観光地の入込み分析、沿岸域や河川の観光・リクリエーション利用の状況、釧路湿原の観光客流動分析をもとにして「自然環境の観光利用に関する研究─北海道における観光地の存立形態─」のタイトルで博士論文にまとめ、岡山大学に提出した。この論文は本書を構成する主要部分となっている。学位取得に際してお世話になった北村修二・岡山大学教授は、私の学部生時代からご厚誼願っている先輩のお1人であり、本書の出版にあたっても相談にのって下さった。

　また、秋山道雄・滋賀県立大学教授は、独立行政法人日本学術振興会平成17、18年度科学研究費補助金「地域再生に寄与する新たな地域政策の可能性

に関する研究」(課題番号 17320136) の研究代表者を務められた。私も観光サービス分野の研究分担者としてこの共同研究のスタッフに加えていただいた。両先輩をはじめ、このプロジェクトに参加された研究者の方々との議論は、本書をまとめ上げる段階で大変な励みになった。

奈良県立大学では、地域貢献活動の一環として、県南の十津川村の社会教育(創生塾)のお手伝いをさせていただいた。そこで得た知見をもとにして、山間地域に関するいくつかの小論を公にできた。それらは本書では第2章第3節、第3章第2節、同第3節に活かされた。この仕事では、神木哲男・奈良県立大学学長(当時)とご一緒させていただき、地域とのかかわり方や研究の在り方、大学論など、先生の幅広い見識から多くのものを学ばせていただいた。

そして、私事にも論及することをお許し願いたい。私の義父である永田勝彦・北星学園大学名誉教授、そして義母の永田幸子・元学校法人北星学園理事には、心理学という異なる専門分野から、そして大学人として、私に知的な刺激を与え続けてくれている。都市から山間地域への観光客の流動を引き起こす都市生活者の意識・関心の問題に論及したのは、彼らとの会話からヒントを得たところも少なくない。

最後になったが、学術図書の出版が困難な現段階にあって、このような形で出版をお引き受けいただいた大学教育出版の佐藤守社長、繁雑な編集業務をお引き受けいただいた安田愛さんに感謝申し上げる。

なお、本書の刊行にあたっては、奈良県立大学研究会2007年度出版助成費補助金の交付を受けた。

2007年盛夏

小松原　尚

… 文　献

秋山道雄（1996）：環境学習施設の立地と余暇行動の類型―エコ・ツーリズムの展開によせて―、（所収　脇田武光・石原照敏編著『観光開発と地域振興―グリーンツーリズム　解説と事例―』古今書院：156-165）。
浅香幸雄・山村順次（1974）：『観光地理学』大明堂。
阿部史郎（2003）：工場立地条件としての高速道路の再評価―首都圏周辺地域の事例から―、『経済地理学年報』49（1）：56-71。
安藤武雄（1957）：『北見市史』北見市役所。
池俊介（1986）：長野県蓼科の観光地化による入会林野利用の変容、『地理学評論』59A：131-153。
石井雄二（1996）：交流ネットワーク型農村リゾートによる地域活性化―三重県飯南郡飯高町のグリーンツーリズムの事例―、（所収　脇田武光・石原照敏編『観光開発と地域振興―グリーンツーリズム　解説と事例―』古今書院：53-65）。
石井雄二（2003）：観光と地域／タイ観光を中心に、（所収　『国際観光学を学ぶ人のために』世界思想社：16-41）。
石原照敏（1996）営農組合主導型「農村リゾート」と農業経営、（所収　脇田武光・石原照敏編著『観光開発と地域振興―グリーンツーリズム　解説と事例―』古今書院：91-98）。
石原照敏（2000）マス・ツーリズムとオルタナティブ・ツーリズム、（所収　石原照敏・吉兼秀夫・安福恵美子編『新しい観光と地域社会』古今書院：1-4）。
石森秀三（1996）観光革命と20世紀、（所収　石森秀三編著『20世紀における諸民族文化の伝統と変容3　観光の20世紀』ドメス出版：11-26）
梅村匡史・須賀武郎・森雅人ほか（1998）：インターネットによる観光情報の提供―登別温泉を事例に―、『日本観光学会誌』30：18-28。
梅村匡史・森雅人・越塚宗孝ほか（1997）：インターネット利用による観光情報提供の試み―北海道オートリゾートネットワークのケースを中心に―、『日本観光学会誌』29：35-54.
梅村宏尚（1993）：余暇時代の都市づくり―大阪市天保山地区再開発を通じて―、『都市計画』183：54-57。
漆原和子・吉野徳康・上原浩（1998）：福島県阿武隈洞における観光客の入洞数と洞窟の大気環境の変化、『地理学評論』71A：527-536。
NHK情報ネットワーク（1992）：『NHKふるさとデータブック1［北海道］』日本放送出版協会。
遠田恭行編（1979）：『北見』（ふるさとの思い出明治大正昭和写真集シリーズ88）国書刊行会。

大阪市港湾局（1971）:『大阪港工事誌』大阪市港湾局。
大淵三洋（2000）:国際観光の大衆化とマルチメディア、『日本国際観光学会論文集』7：25-31。
奥平理（2003）:カナダ・ハリファクス港におけるウォーターフロント開発の現状と課題、『地域地理研究』8：12-28。
奥野一生（1999）:東京からの国内航空交通、『大阪教育大学地理学教室地理学報』34:107-127。
奥野一生（2003）:『日本の離島と高速船交通』竹林堂。
葛西大和（2003）:近代の交通革命、（所収　赤坂憲雄ほか編『人とモノと道と・いくつもの日本Ⅲ』岩波書店：227-248）。
加藤和暢・山崎朗（1997）:地域における高速交通網の進展と今後の課題（対談）、『季刊ほくとう』43：4-11。
川口太郎（2001）:東京圏における郊外の生活空間、（所収　富田和暁・藤井正『図説　大都市圏』古今書院：38-39）。
北見市史編さん委員会編（1981）:『北見市史』（全2巻）北見市役所。
北村修二（1996）:就業構造の変化とリゾート開発―福井県今庄町の場合―、（所収　脇田武光・石原照敏編『観光開発と地域振興―グリーンツーリズム　解説と事例―』古今書院：107-115）。
呉羽正昭（1991）:群馬県片品村におけるスキー観光地域の形成、『地理学評論』64A：818-838。
神頭広好（2003）:ランク・サイズモデルが意味するもの―観光地への応用―、『日本観光学会誌』43：13-19。
神頭広好・石川修一・小沢健市（1998）:高速道路IC利用の県外観光旅行者がもたらす経済誘発効果―長野県を対象にして―、『日本観光学会誌』32：25-33。
国土庁計画・調整局編（1989a）『第四次全国総合開発計画・解説と資料・第Ⅰ部・解説編』ぎょうせい。
国土庁計画・調整局編（1989b）『第四次全国総合開発計画・解説と資料・第Ⅱ部・資料編』ぎょうせい。
国土庁計画・調整局（1998）:『全国総合開発計画／21世紀の国土のグランドデザイン』大蔵省印刷局。
国土庁計画・調整局四全総研究会編（1987）『第四次全国総合開発計画40の解説』時事通信社。
小松原尚（1991）:リゾートブーム下の「地域活性化」―沖縄修学旅行を事例として―、『地理』36（11）：119-125。
小松原尚（1992）:農業地域と過疎問題、『北海道地理』66：19-24。
小松原尚（1993）:北海道における「内陸水辺」の観光・リクリエーション的利用について、

文　献

秋山道雄（1996）：環境学習施設の立地と余暇行動の類型—エコ・ツーリズムの展開によせて—、（所収　脇田武光・石原照敏編著『観光開発と地域振興—グリーンツーリズム　解説と事例—』古今書院：156-165）。

浅香幸雄・山村順次（1974）：『観光地理学』大明堂。

阿部史郎（2003）：工場立地条件としての高速道路の再評価—首都圏周辺地域の事例から—、『経済地理学年報』49（1）：56-71。

安藤武雄（1957）：『北見市史』北見市役所。

池俊介（1986）：長野県蓼科の観光地化による入会林野利用の変容、『地理学評論』59A：131-153。

石井雄二（1996）：交流ネットワーク型農村リゾートによる地域活性化—三重県飯南郡飯高町のグリーンツーリズムの事例—、（所収　脇田武光・石原照敏編『観光開発と地域振興—グリーンツーリズム　解説と事例—』古今書院：53-65）。

石井雄二（2003）：観光と地域／タイ観光を中心に、（所収　『国際観光学を学ぶ人のために』世界思想社：16-41）。

石原照敏（1996）営農組合主導型「農村リゾート」と農業経営、（所収　脇田武光・石原照敏編著『観光開発と地域振興—グリーンツーリズム　解説と事例—』古今書院：91-98）。

石原照敏（2000）マス・ツーリズムとオルタナティブ・ツーリズム、（所収　石原照敏・吉兼秀夫・安福恵美子編『新しい観光と地域社会』古今書院：1-4）。

石森秀三（1996）観光革命と20世紀、（所収　石森秀三編著『20世紀における諸民族文化の伝統と変容3　観光の20世紀』ドメス出版：11-26）

梅村匡史・須賀武郎・森雅人ほか（1998）：インターネットによる観光情報の提供—登別温泉を事例に—、『日本観光学会誌』30：18-28。

梅村匡史・森雅人・越塚宗孝ほか（1997）：インターネット利用による観光情報提供の試み—北海道オートリゾートネットワークのケースを中心に—、『日本観光学会誌』29：35-54.

梅村宏尚（1993）：余暇時代の都市づくり—大阪市天保山地区再開発を通じて—、『都市計画』183：54-57。

漆原和子・吉野徳康・上原浩（1998）：福島県阿武隈洞における観光客の入洞数と洞窟の大気環境の変化、『地理学評論』71A：527-536。

NHK情報ネットワーク（1992）：『NHKふるさとデータブック1［北海道］』日本放送出版協会。

遠田恭行編（1979）：『北見』（ふるさとの思い出明治大正昭和写真集シリーズ88）国書刊行会。

大阪市港湾局（1971）：『大阪港工事誌』大阪市港湾局。
大淵三洋（2000）：国際観光の大衆化とマルチメディア、『日本国際観光学会論文集』7：25-31。
奥平理（2003）：カナダ・ハリファクス港におけるウォーターフロント開発の現状と課題、『地域地理研究』8：12-28。
奥野一生（1999）：東京からの国内航空交通、『大阪教育大学地理学教室地理学報』34:107-127。
奥野一生（2003）：『日本の離島と高速船交通』竹林堂。
葛西大和（2003）：近代の交通革命、（所収　赤坂憲雄ほか編『人とモノと道と・いくつもの日本Ⅲ』岩波書店：227-248）。
加藤和暢・山崎朗（1997）：地域における高速交通網の進展と今後の課題（対談）、『季刊ほくとう』43：4-11。
川口太郎（2001）：東京圏における郊外の生活空間、（所収　富田和暁・藤井正『図説　大都市圏』古今書院：38-39）。
北見市史編さん委員会編（1981）：『北見市史』（全2巻）北見市役所。
北村修二（1996）：就業構造の変化とリゾート開発─福井県今庄町の場合─、（所収　脇田武光・石原照敏編『観光開発と地域振興─グリーンツーリズム　解説と事例─』古今書院：107-115）。
呉羽正昭（1991）：群馬県片品村におけるスキー観光地域の形成、『地理学評論』64A：818-838。
神頭広好（2003）：ランク・サイズモデルが意味するもの─観光地への応用─、『日本観光学会誌』43：13-19。
神頭広好・石川修一・小沢健市（1998）：高速道路IC利用の県外観光旅行者がもたらす経済誘発効果─長野県を対象にして─、『日本観光学会誌』32：25-33。
国土庁計画・調整局編（1989a）『第四次全国総合開発計画・解説と資料・第Ⅰ部・解説編』ぎょうせい。
国土庁計画・調整局編（1989b）『第四次全国総合開発計画・解説と資料・第Ⅱ部・資料編』ぎょうせい。
国土庁計画・調整局（1998）：『全国総合開発計画／21世紀の国土のグランドデザイン』大蔵省印刷局。
国土庁計画・調整局四全総研究会編（1987）『第四次全国総合開発計画40の解説』時事通信社。
小松原尚（1991）：リゾートブーム下の「地域活性化」─沖縄修学旅行を事例として─、『地理』36（11）：119-125。
小松原尚（1992）：農業地域と過疎問題、『北海道地理』66：19-24。
小松原尚（1993）：北海道における「内陸水辺」の観光・リクリエーション的利用について、

『北海道ウォーターフロント研究』3：25-27。
小松原尚（1995）：札幌市内における豊平川水系の観光レクリエーション地、『水資源・環境研究』8：101-103。
小松原尚（1997a）：オート・ツーリズムの進展と北海道観光、『北見大学論集』37：97-114。
小松原尚（1997b）：「連携・交流」時代と観光―北海道を事例として―、（所収　石原照敏監修『国際化と地域経済―地域的再編成と地域振興の課題―』古今書院：140-152）。
小松原尚（1998）：交流人口の拡大とエコ・ツーリズム―釧路湿原地域における観光客流動を事例として―、『北見大学論集』39：59-73。
小松原尚（2001）：観光・リゾート、（所収　中藤康俊編著『国際化と地域』大明堂：19-36）。
佐藤誠（1990）：『リゾート列島』（新書）岩波書店。
篠原重則（1996）：町主導型観光開発と山村振興―愛媛県久万町の事例―、（所収　脇田武光・石原照敏編『観光開発と地域振興―グリーンツーリズム解説と事例―』古今書院：80-90）。
白坂蕃（1982）：中央高地栂池高原における新しいスキー集落の形成、『地理学評論』55：566-586。
杉田由紀子・溝尾良隆（1998）：航空が沖縄観光に果たした役割に関する研究、『観光研究』10(1)：1-10。
杉谷隆・平井幸弘・松本淳（1993）『風景の中の自然地理』古今書院。
滝波章弘（2003）：ジュネーブの代表的ホテルにおける雰囲気の意味―ホテル側からの視点を中心に―、『地理学評論』：621-644。
田中耕市（1998）：東北地方における自動車交通のアクセシビリティ変化、『経済地理学年報』44：35-47。
田村大樹（2002）：IT革命―空間的な情報フローの刷新、（所収　松原宏編著『立地論入門』古今書院：108-117）。
淡野明彦（2003）：観光研究の視野的発展をめざして―アーバン・ツーリズム研究への取組み―、（所収　高橋伸夫編『21世紀の人文地理学展望』古今書院：226-238）。
堤研二（1998）：離島空港をめぐる諸問題―隠岐空港を事例として―、『地域地理研究』3：57-66。
土木学会土木計画学研究委員会ほか（1998）『地域間交流活性化と観光―分析・計画手法と政策課題―』（第34回土木計画学シンポジウム論文集）土木学会。
富田和暁（2001）：大都市圏の定義と変容、（所収　富田和暁・藤井正『図説　大都市圏』古今書院：2-5）。
中谷朋昭・出村克彦（1997）：森林公園の持つ夏期レクリエーション価値―個人トラベルコスト法の適用―、『日本観光学会誌』31：19-28。
中藤康俊（1996）：観光産業と農山村の振興、（所収　脇田武光・石原照敏編『観光開発と地域振興―グリーンツーリズム　解説と事例―』古今書院：73-79）。

平本一雄（1990）『超国土の発想』講談社。
藤井正（2001）：三大都市圏における通勤と交通、（所収　富田和暁・藤井正『図説　大都市圏』古今書院：12-15）。
藤目節夫（1999）：時間・費用距離からみた中四国地域の自動車交通空間の変化、『地理学評論』72A：227-241。
北海道開発局石狩川開発建設部（1993）：『石狩川百景』北海道開発協会。
北海道経済部編（1997）：『平成9年度版商工労働観光白書』社団法人北海道雇用開発協会、。
北海道経済連合会・北海道東北開発公庫編（1983）『北海道の冬季観光を考える・冬季観光レクリエーションの現状と課題』北海道経済連合会・北海道東北開発公庫。
北海道商工労働観光部観光室（1989）『北海道観光振興基本計画』北海道。
本宮卓（2003）：しまなみ海道開通に伴う地域社会の変容、『地域地理研究』8：29-41。
槇拓男（2000）：利用者の視点から見た地方都市における公共バス交通―島根県松江市を事例として―、『地位地理研究』5：1-15。
松田敦志（2003）：戦前期における郊外住宅開発と私鉄の戦略、『人文地理』55：492-508。
三木理史（2003）『水の都と都市交通―大阪の20世紀―（近代日本交通史9）』成山堂書店。
溝尾良隆・有馬義治（1979）：「地域別入込観光客の動向」、（所収　財団法人日本交通公社『観光の現状と課題』：83-102）。
溝尾良隆（2003）：『観光学―基本と実践―』古今書院。
三橋浩志（2003）：公共交通による歩いて楽しい中心商業地づくり、『地理』48（4）：32-39。
宮川善造・田邊健一編（1968）『環境の科学としての地理学―第二増補版―』大明堂。
柳沢勝（1991）『国土政策のパースペクティブ・地球時代の日本・もうひとつの富国論』住宅新報社。
山上徹・堀野正人編（2001）『ホスピタリティ・観光事典』白桃書房。
山本耕三（1996）：北部九州における新空港建設問題―九州国際空港構想と新福岡空港構想を巡って―、『北海道地理』70：27-35。
横山秀司（1998）：北アルプス、立山・室堂における観光と景観収支、『九州産業大学商経論叢』39(3)：181-204。
横山昭市（2003）：上越地方の温泉地とリゾート開発地の変容と課題、『愛媛大学人文学論叢』5：1-14。
留寿都村史編集委員会編（1969）『留寿都村史』北海道虻田郡留寿都村役場。
脇田武光・石原照敏編（1996）『観光開発と地域振興―グリーンツーリズム　解説と事例―』古今書院。
渡辺一夫（1987）：巡検記事第1班「みなとみらい21」、『地理学評論』60A：553-560。
渡辺悌二・古畑亜紀（1998）：大雪山国立公園、旭岳ロープウェイと姿見の池遊歩道の利用環境の改善の方向性、『北海道地理』72：1-12。
SUZUKI Koshiro（2003）："A Comparative Study of the Spatial Descriptions in Tourist

Guidebooks", *Geographical Review of Japan* 76 : 1-21.

YAMASHITA Kiyomi (2003) : "Fourmation and Deveropment of Chinatown in Japan; Chinatowns as Tourist Spots in Yokohama, Kobe and Nagasaki," *Geographical Review of Japan* 76 : 910-923.

索　引

【あ行】

アウトバンド・ツーリズム　13
阿寒国立公園　30, 33
アジア太平洋トレードセンター　85
アジアの経済危機　14
アスパラガス　107, 108
網走監獄　19, 77, 78
網走国定公園　77
網走番外地　77
石狩川百景　70, 72
緯度帯　132, 134, 136
インターネットによるアンケート　89
インバウンド・ツーリズム　13
ウォーターフロント開発　65, 79
エコ・ツーリズム　40, 41, 112, 113, 114
沿岸域　26, 30, 32, 64, 74, 79, 80, 81, 82, 83, 84, 86, 87
縁辺地域　33, 76, 100, 140
大阪湾ベイエリア開発　84
大阪湾臨海地域開発整備法　84
沖縄トロピカルリゾート構想　58
オブラード　111
オホーツクビアファクトリー　102
オルタナティブ・ツーリズム　112, 113
温泉観光地　17, 72
温根内ビジターセンター　47, 51

【か行】

貸切バス　61, 62
過疎　57, 99, 104, 108, 113, 117
家族旅行　43, 60, 61, 62
過密　57, 99, 127, 138
観光革命　14, 15

観光交流拡大計画　13
企業城下町　57, 78
釧路市湿原展望台　39, 40, 45, 46, 49, 51, 53, 62
釧路湿原国立公園　38, 39, 41, 43, 60, 62, 115
釧路湿原国立公園利用者アンケート　41
倶知安町　110, 111
国別訪日外国人宿泊者数　15
グランドデザイン　13, 14
グループ旅行　43, 60, 61, 62
経度帯　134, 135
原生花園　75
広域国際交流圏　13
航空機　55, 56
高校生にアンケート　69
構造不況　57
高速交通網　54
高速道路　54
交流人口　21
国民保養温泉地　139
国立公園制度　14
個人旅行　43

【さ行】

咲洲　84
札幌2.5時間圏　21, 26
サンゴ草　76
市街地連担地域　88
自家用車　59
支笏洞爺国立公園　32
篠津原野　66
姉妹都市　16, 110

索引 *149*

ジャンボジェット 56
修学旅行 56
主要観光地 21, 24
植民地観光 14
白鳥公園 75
新・全国総合開発計画 13
親水機能 72
世界遺産 89
全国1日交通圏 54
全国旅行動態調査 7
総合保養地域整備法 57
装置産業 56, 78

【た行】
第3次全国総合開発計画 57
大雪山国立公園 32, 112
大都市圏 9, 10, 13, 15, 19, 39, 80, 81, 88, 89, 97, 98, 117, 118, 119, 127
タイムジオグラフィー 88
第4次全国総合開発計画 57, 103
台湾特化型 17
ダム 65
男爵イモ 106
団体旅行 39
地域活性化 57, 112
地域半日交通圏 54
地方圏 13, 14, 15, 19, 54, 59, 99, 119, 120
通年型観光 34
定住圏 57
テーマパーク 30, 81
テクノポート大阪 84
鉄道 61, 83
鉄道省国際観光局 14
天都山 78
天保山 85, 86

東海道新幹線 15
東海道メガロポリス 54
東京一極集中 58, 103
都市住民アンケート 118, 128
屯田兵 100, 102

【な行】
中島公園 70
奈良公園 95
南西地域 24
ニセコ町 110, 111
日本丸 84
ニュータウン 65
農産物自由化 57

【は行】
波及効果 110
ハッカ 100, 101, 102
バブル経済 7, 112
ふきだし公園 73
プラザ合意 13
ふるさとデータブック 68
紅丸 106
北東地域 24
細岡展望台 39, 45, 46, 51, 53, 62
北海道観光客数調査要領 21
北海道観光連盟 20
北光社 100

【ま行】
舞洲 85
マス・ツーリズム 15, 113
真狩村 74, 107
マリタイムミュージアム 84
ミズバショウ 76

みなとみらい21地区　83
名水百選　73
モータリゼーション　54, 68

【や行】
ユニバーサルスタジオジャパン　87
夢洲　85
ユリ根　107
羊蹄山　32, 34, 35, 74, 107
余暇　58

【ら行】
来道観光客に関する調査　10

来道観光客流動実態調査　11
ラムサール条約　39
リゾート産業　56
リゾートブーム　7, 69
リゾート法　81
リピーター　58, 59, 97, 112, 140
流氷観光　76
ルスツ高原野菜　108
レクリエーション　59
ロシア極東地方　16

【わ行】
ワイズユース　41

■著者紹介

小松原　尚　（こまつばら　ひさし）

　1956 年　岡山市生まれ
　1985 年　北海道大学大学院博士課程単位修得退学
　1985 年　高等学校教諭
　1994 年　北海学園北見大学講師、助教授を経て
　現在、奈良県立大学教授　博士（学術、岡山大学）
　専門分野　人文地理学

地域からみる観光学
──────────────────────────────
2007 年 10 月 10 日　初版第 1 刷発行
2014 年　9 月 30 日　初版第 2 刷発行

■著　　者──小松原尚
■発 行 者──佐藤　守
■発 行 所──株式会社 大学教育出版
　　　　　　〒700-0953 岡山市西市 855-4
　　　　　　電話（086）244-1268　FAX（086）246-0294
■印刷製本──モリモト印刷㈱
■装　　丁──ティーボーンデザイン事務所

Ⓒ Hisashi komatsubara 2007, Printed in Japan
検印省略　　落丁・乱丁本はお取り替えいたします。
無断で本書の一部または全部を複写・複製することは禁じられています。
ISBN978-4-88730-778-0